**Materialien
für den
Musikunterricht
in der
Oberstufe**

# Materialien für den Musikunterricht in der Oberstufe

Band 2 – Vokalmusik
Von der Gregorianik bis zum 20. Jahrhundert
Arbeitsblätter, Informationen und Lösungen

Herausgegeben von
Ulrich Prinz
und
Bernd Sunten
zusammen mit
Manfred Hug
Peter Koch
Heinrich Kölbel
Horst Pulkowski
Albrecht Scheytt

Ernst Klett Schulbuchverlag
Metzler Schulbuchverlag

**Materialien
für den Musikunterricht in der Oberstufe**

Band II – Vokalmusik
von der Gregorianik bis zum 20. Jahrhundert
Arbeitsblätter, Informationen und Lösungen

Herausgegeben von
Prof. Dr. Ulrich Prinz
und Bernd Sunten
zusammen mit
Prof. Dr. Manfred Hug
Peter Koch
Heinrich Kölbel
Horst Pulkowski
Albrecht Scheytt

Das Unterrichtswerk entstand in Zusammenarbeit des Schulbuchverlags
Ernst Klett und des Metzler Schulbuchverlags

Als Begleitmaterial ist eine Hörbeispielcassette erhältlich.

**Ernst Klett Schulbuchverlag**

ISBN 3 - 12 - **17873**0 - 6 (Materialband)
ISBN 3 - 12 - **17874**0 - 3 (Hörbeispielcassette)

**Metzler Schulbuchverlag**

ISBN 3 - 8156 - 7253 - 8 (Materialband)
ISBN 3 - 8156 - 7293 - 7 (Hörbeispielcassette)

© 1992 Ernst Klett Schulbuchverlag GmbH,
Stuttgart Düsseldorf Berlin Leipzig
und Metzler Schulbuchverlag GmbH, Hannover
Alle Rechte vorbehalten.
Dieses Werk sowie einzelne Teile desselben sind
urheberrechtlich geschützt.
Jede Verwertung in anderen als den gesetzlich
zulässigen Fällen ist ohne vorherige schriftliche
Zustimmung der Verlage nicht zulässig.
Druck 1995, 1994, 1993, 1992
Die letzte Zahl nennt das Jahr des Drucks
Notensatz: Martin-Christoph Dieterich, Ulm
Satz und Layout: Computersatz Castera, Denkendorf
Umschlagentwurf: Willy Löffelhardt
Druck: Gulde-Druck, Tübingen
Printed in Germany

# Inhalt

**Vorwort** – 7

## I. Sakrale Vokalmusik *(M. Hug, U. Prinz)* – 8

Beziehungen zwischen Kult und Musik – 8
Notation des Gregorianischen Chorals – 9
Psalmodie und Alleluia – 10
Gregorianische ›Ostermesse‹:
Proprium und Ordinarium – 11
Tropus und Sequenz – 12
Gregorianischer Choral und frühe Mehrstimmigkeit – 13
Gregorianisches und protestantisches Kirchenlied
des 16. Jahrhunderts – Kontrafaktur – 14
GIOVANNI PIERLUIGI DA PALESTRINA:
»Missa Papæ Marcelli« – Kyrie und Agnus Dei I und II – 15
JOHANN SEBASTIAN BACH:
»Du, Hirte Israel, höre« – 17
JOSEPH HAYDN:
»Missa in Angustiis« (Nelson-Messe)– Kyrie – 20
ANTON BRUCKNER:
»Messe in d-Moll« – Kyrie – 21
IGOR STRAWINSKY:
»Psalmensinfonie« – 1. und 2. Satz – 22
Lösungen – Hinweise – 24

**Exkurs: Das Requiem** *(H. Kölbel)* – 29
Kompositionsgeschichtliche Positionen einer Gattung – 29
Das Choralrequiem – Die Sequenz ›Dies Iræ‹ – 30
Der Tractus ›De Profundis‹ – Gregorianische Semiologie – 31
JOHANNES OCKEGHEM:
»Requiem« – Introitus, Kyrie – 32
Offertorium– Musica mensurata – 33
WOLFGANG AMADEUS MOZART:
»Requiem« (KV 626) – Introitus, Kyrie – 34
HECTOR BERLIOZ:
»Grande Messe des Morts« :
Dies Iræ, Tuba Mirum, Rex Tremendæ, Offertorium – 36
GYÖRGY LIGETI:
»Requiem« – Introitus, Kyrie – 39
Lösungen – Hinweise – 41

## II. Klavier- und Orchesterlied – Melodram
*(B. Sunten, H. Pulkowski, A. Scheytt)* – 46

Einführung – 46
FRANZ SCHUBERT:
Lieder aus »Die schöne Müllerin« – 47
Nr. 1: ›Das Wandern‹ – 48
Nr. 2: ›Wohin?‹ – 49
Nr. 6: ›Der Neugierige‹ – 53
Lösungen – Hinweise – 55
FRANZ SCHUBERT:
Lieder aus »Die Winterreise« – 58
Nr. 1: ›Gute Nacht‹ – 58
Nr. 23: ›Die Nebensonnen‹ – 60
Lösungen – Hinweise – 63

*Inhalt*

Hugo Wolf:
»In der Frühe« – 65
Lösungen – Hinweise – 69
Gustav Mahler:
»Ich bin der Welt abhanden gekommen« – 71
Lösungen – Hinweise – 76
Arnold Schönberg:
Lieder aus »Pierrot lunaire« – 77
Nr. 3: ›Der Dandy von Bergamo‹ – 77
Nr. 8: ›Die Nacht‹ – 79
Nr. 18: ›Mondfleck‹ – 80
Lösungen – Hinweise – 82

## III. Oper und Operette – exemplarische Beispiele *(P. Koch)* – 84

Einführung – 84
Claudio Monteverdi:
»L' Orfeo« – II. Akt: ›Rosa del ciel‹ – 86
Christoph Willibald Gluck:
»Orpheus und Eurydike« – Nr. 43: ›Ach, ich habe sie verloren‹ – 87
Jacques Offenbach:
»Orpheus in der Unterwelt« – Nr. 16: Finale – 88
Georg Friedrich Händel:
»Julius Cäsar« – II. Akt, 2. Szene: Drei Rezitative – 89
Wolfgang Amadeus Mozart:
»Die Zauberflöte« – Nr. 14: ›Der Hölle Rache‹ – 90
Ludwig van Beethoven:
»Fidelio« – Nr. 9: ›Abscheulicher‹ – 91
Richard Wagner:
»Tristan und Isolde« – II. Akt, 3. Szene: ›Den unerforschlich …‹ – 92
Giuseppe Verdi:
»Otello« – IV. Akt, 3. Szene: ›Orchestersprache‹ – 93
Alban Berg:
»Wozzeck« – I. Akt, 2. Szene: ›Das ist die schöne Jägerei‹ – 94
Lösungen – Hinweise – 95

### Exkurs
Giuseppe Verdi:
»Rigoletto« *(H. Pulkowski)* – 99
1. Akt, Nr. 1:   Introduktion - Parola scenica – 100
2. Akt, Nr. 7:   Arie des Herzogs - Scena ed Aria – 101
2. Akt, Nr. 8:   Arie des Rigoletto – 102
2. Akt, Nr. 11: Quartett - Das Ensemble – 103
Lösungen – Hinweise – 104

## Liste der Hörbeispiele – 110

## Vorwort

Diese »Materialien für den Musikunterricht in der Oberstufe« enthalten über 70 Arbeitsblätter, Kommentare und Lösungen.

Die *Arbeitsblätter* dienen als Kopiervorlagen für Klassensätze und Projektionsfolien. Ziel dieser Unterrichtshilfen ist ein handlungsorientierter Unterricht, der den Schülerinnen und Schülern eine möglichst selbständige Auseinandersetzung mit ausgewählten Werken und Themenstellungen ermöglicht.

Mit diesen Arbeitsblättern werden auch sinnvolle und notwendige Hausaufgaben und die Vorbereitung von Leistungsmessungen möglich. Auf diese Weise entlasten sie spürbar die Unterrichtsvorbereitung.

Die *Beiträge* konzentrieren sich auf Themen, die von den Richtlinien aller Bundesländer vorgegeben werden. Sie sind in der Unterrichtspraxis entstanden und spiegeln ganz bewußt die individuellen Ansätze und Lösungen der Autoren bei der Auseinandersetzung mit dem jeweiligen Thema wider. Sie bieten eine praxisnahe Ergänzung zu bereits eingeführten Unterrichtswerken.

Eine nuancen- und ideenreiche Methodenvielfalt entspricht der Pluralität unterschiedlicher Schüler- und Lehrermeinungen sowie individueller Hörerfahrungen und Leistungsniveaus.

Stuttgart und Hannover 1992                                                                                                    **Die Herausgeber**

Beziehungen zwischen Kult und Musik                                    Arbeitsblatt 1

# I. Sakrale Vokalmusik

## Beziehungen zwischen Kult und Musik

Im Gottesdienst fast aller christlichen Konfessionen ist die Musik ein wesentlicher Bestandteil. Wie eintönig und schmucklos wäre eine katholische oder evangelische Meßfeier ohne Chorgesang und Orgelspiel, wie inaktiv die Rolle der Gläubigen ohne Bitte und Lobpreis im Gemeindegesang! Auch im griechisch- und russisch-orthodoxen Gottesdienst spielt der geistliche Gesang eine große Rolle, wenn auch hier Instrumente bis heute ausgeschlossen sind.

Die enge Verbindung von **Kult und Musik** läßt sich in Felszeichnungen von Jäger- und Beschwörungsszenen bis in die jüngere *Altsteinzeit* (ca. 30 000 v. Chr.) zurückverfolgen. In den Mythen der *indischen*, *mesopotamischen* und *ägyptischen* Hochkulturen (ca. 3000 v. Chr.) ist die Musik göttlichen Ursprungs; und auch in der *griechischen* Mythologie gilt sie als ein Geschenk des Gottes Apollo und der Musen. Bei den *Alt-Sumerern* ist die Beziehung zwischen Musik und Kult so eng, daß für beide - für ›Gesang‹ und ›(religiöses) Fest‹ - dasselbe Keilzeichen, das stilisierte Bild eines Stufentempels, verwendet wird. Auch in *afrikanischen* Naturreligionen sind Musik, Tanz und Kult nahezu identisch: Im Trommeln, im ekstatischen Tanzen, Klatschen und Singen findet die Götterbeschwörung statt.

Schon im *Alten Testament* hatte die Musik ihre übernatürliche Macht bewiesen: so etwa, wenn die Posaunen Josuas die Mauern von Jericho zum Einstürzen brachten oder wenn *David* mit seinem Harfenspiel König *Saul* von seinen Depressionen befreite.

Im *Neuen Testament* singen und musizieren die Engel im Himmel zur Ehre und zum Lobe Gottes. Ihnen sollen es die Gläubigen auf Erden gleichtun. Wie für AUGUSTINUS, so ist auch für MARTIN LUTHER die Musik von Gott gegeben. Sie ist Verkündigung, macht die Gläubigen fröhlich und vertreibt den Teufel.

Der antiken Tradition gemäß gilt auch im *frühen Christentum* die Musik als Geschenk Gottes, als ›donum Dei, non hominum‹ (AUGUSTINUS).

Während die Musik im *calvinistischen* Gottesdienst auf einstimmige unbegleitete geistliche Lieder (meist Psalmen) beschränkt blieb, erlebte die *katholische* und *lutherisch-protestantische* Kirchenmusik sowohl im mehrstimmig vokalen Bereich (Motette, Messe) als auch in den gemischt vokal-instrumentalen Gattungen (wie Messe, Kantate, Oratorium, Passion, Requiem) vielfältige Höhepunkte.

Vor allem GIOVANNI PIERLUIGI DA PALESTRINA (1525-1594) und JOHANN SEBASTIAN BACH (1685-1750) sind trotz aller musikgeschichtlichen und auch theologischen Wandlungen bis in unser Jahrhundert Vorbild und Inbegriff kirchenmusikalischen Schaffens geblieben.

*Der hl. Gregor, seine Gesänge diktierend*

### Aufgabe

Interpretieren Sie die Darstellung des ›heiligen Gregor‹ vor dem Hintergrund der frühchristlichen Musikauffassung.

### Literatur

LUIGI AGUSTONI / JOHANNES BERCHMANS GÖSCHL: Einführung in die Interpretation des Gregorianischen Chorals, Bd. 1: Grundlagen, Regensburg 1987

HEINRICH HUSMANN: Die mittelalterliche Mehrstimmigkeit, in: Das Musikwerk, Heft 9, hrsg. von Karl Gustav Fellerer, Köln 1961

HANS SABEL: Die liturgischen Gesänge der katholischen Kirche, in: Musikalische Formen in historischen Reihen, Wolfenbüttel o.J.

JOSEPH SCHMIDT-GÖRG: Die Messe, in: Das Musikwerk, Heft 30, Köln 1967

BRUNO STÄBLEIN: Schriftbild der einstimmigen Musik, in: Musikgeschichte in Bildern, Band III, Lieferung 4, hrsg. von W. Bachmann, VEB Deutscher Verlag für Musik Leipzig 1975

FRANZ TACK: Der gregorianische Choral, in: Das Musikwerk, Heft 18, Köln 1960

*Sakrale Vokalmusik*

# Notation des Gregorianischen Chorals

**Arbeitsblatt 2**

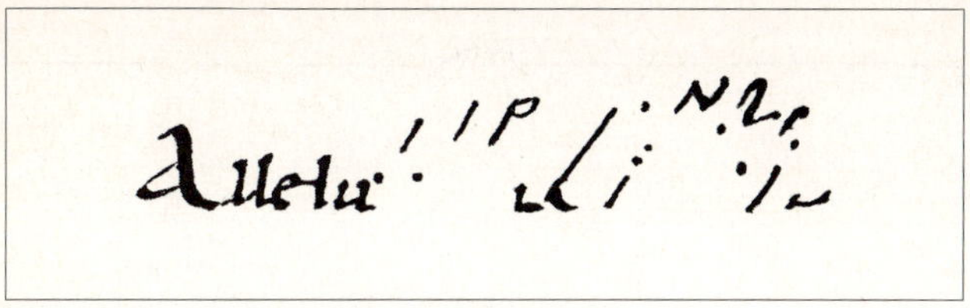

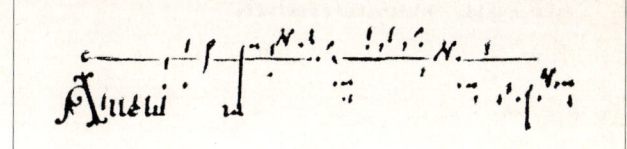

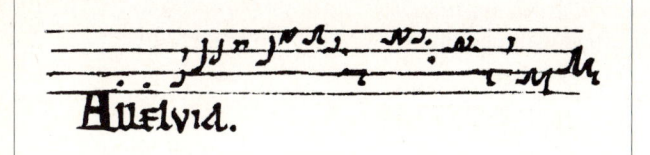

**Aufgaben**

1. Beschreiben Sie die *Neumen* (griechisch = Wink, Handzeichen), und versuchen Sie, sie zu deuten. Welchen Fortschritt bedeutet die Einführung einer oder mehrerer Notenlinien?

## Choralnotation im Vierliniensystem
(seit Guido v. Arezzo um 1020)

C-Schlüssel     F-Schlüssel

### Einzelneumen und Ligaturen (Neumengruppen)

Punctum quadratum — Punctum inclinatum — Virga

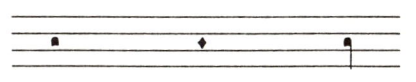

Pes (Podatus)   — Clivis 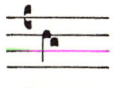 — Torculus

Porrectus  — Scandicus  — Climacus

## Introitus aus der ›Ostermesse‹   HB 1

RE-SURRE-XI, * et adhuc te-cum sum, al- le- lú- ia:

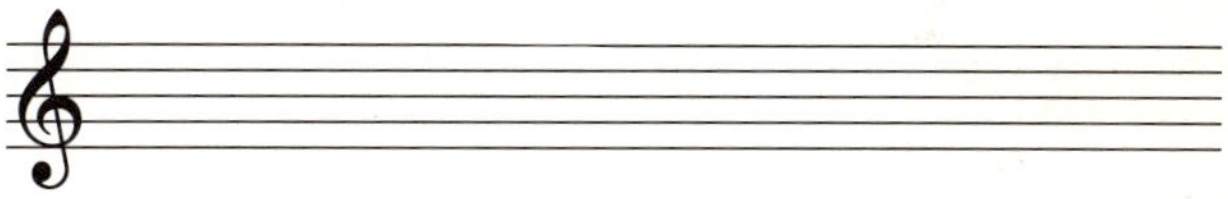

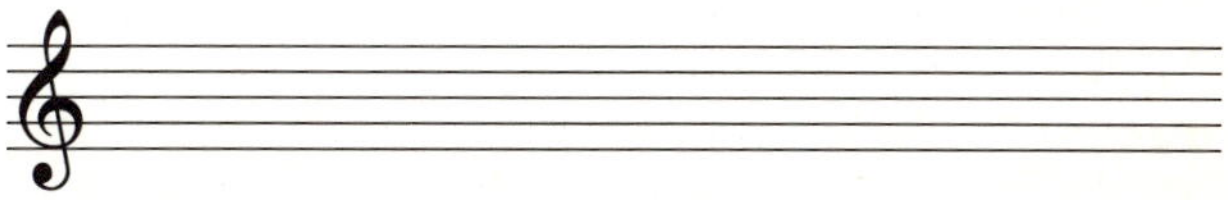

2. Übertragen Sie den Introitus mit Hilfe der angegebenen Neumentabelle in heutige Notenschrift.

K Kantoren
S Schola
\* Wechsel der Gruppe

*Sakrale Vokalmusik*

# Psalmodie und Alleluia

**Arbeitsblatt 3**

**Psalm 116**

Lau - da - te Do-mi-num, om-nes    gen - tes:    lau-da-te e-um         om - nes  po - pu - li.
Ihr   Völ - ker al-le, lobt den    Her - ren,   lobt ihn, ihr          Völ - ker  al - le.

2. *Quoniam confirmata est super nos misericordia e-jus et veritas Domini manet in æternum.*
   Denn machtvoll waltet Sein Erbarmen über uns und Gottes Treue währet ewig.
3. *Gloria Patri et Fi-lio et Spiri-tui Sancto.*
   Ehre sei dem Vater und dem Sohne und dem Heiligen Geiste.
4. *Sicut erat in principio et nunc et sem-per et in saecula saecu-lorum. Amen.*
   Wie es war im Anfang, so auch jetzt und allezeit und in Ewigkeit. Amen.

**Aufgaben**

1. Stellen Sie den Melodieverlauf des Psalms grafisch dar:

2. Definieren Sie die folgenden Begriffe, und tragen Sie sie in die obige ›Psalmformel‹ (Grafik) ein:

   – Initium: _____

   – Tenor: _____

   – Mediatio: _____

   – Terminatio/ _____
     Finalis:

3. Interpretieren Sie das Zitat des AUGUSTINUS:

   »Was heißt: In Jubilation singen? Einsehen, daß man mit Worten nicht ausdrücken kann, was man im Herzen singt […]. Der Jubilus ist ein Klang, der bezeichnet, daß das Herz überfließt von dem, was er nicht sagen kann. Und wem geziemt diese Jubilation, wenn nicht dem unaussprechlichen Gott? Unaussprechlich ist der, den man nicht sagen kann; und wenn man ihn nicht sagen kann und nicht schweigen darf, was bleibt dann anderes, als daß man jubelt; auf daß das Herz sich ohne Worte freue, und die unendliche Fülle der Freuden keine Begrenzung durch Silben erfahre.«

**Alleluia aus der »Ostermesse«** HB 2

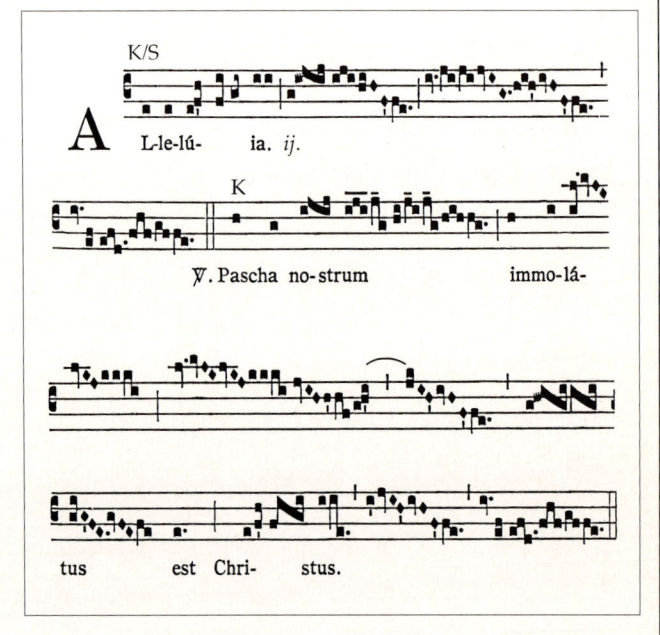

A L-le-lú-    ia. *ij.*

℣. Pascha no-strum        immo-lá-

tus    est Chri-    stus.

(Alleluja: Unser Opferlamm ist Christus)

℣ = Psalmvers,
ij. = Wiederholung vom Alleluja-Beginn an.

4. Untersuchen Sie das ›Wort-Ton-Verhältnis‹ im Psalm und im Alleluia.

5. Vergleichen Sie die Melodiebewegung im Psalm und im Alleluia. Wie ist die unterschiedliche Melodiestruktur zu erklären?
   (Vgl. auch das Zitat von AUGUSTINUS, Aufgabe 3.)

6. Definieren Sie:

   a) Syllabische Gesänge:
   _____

   b) Melismatische Gesänge:
   _____

*Sakrale Vokalmusik*

# Gregorianische ›Ostermesse‹: Proprium und Ordinarium

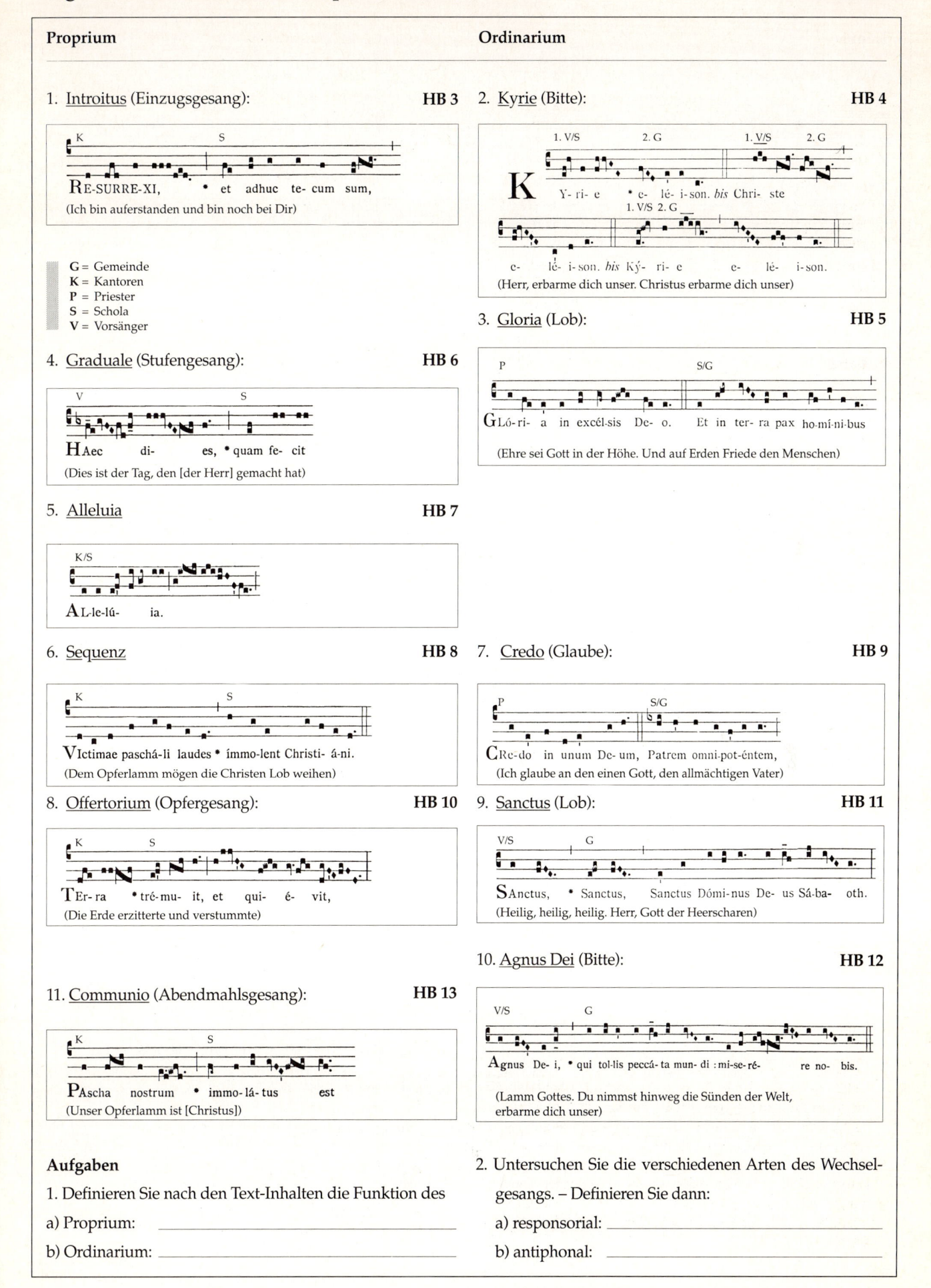

**Arbeitsblatt 4**

| Proprium | Ordinarium |
|---|---|

1. Introitus (Einzugsgesang):  HB 3

RE-SURRE-XI, * et adhuc te-cum sum,
(Ich bin auferstanden und bin noch bei Dir)

G = Gemeinde
K = Kantoren
P = Priester
S = Schola
V = Vorsänger

2. Kyrie (Bitte):  HB 4

KYrie * e- lé- i-son. *bis* Chri- ste
e- lé-i-son. *bis* Ký-ri- e e- lé-i-son.
(Herr, erbarme dich unser. Christus erbarme dich unser)

3. Gloria (Lob):  HB 5

GLó-ri- a in excél-sis De- o. Et in ter-ra pax ho-mi-ni-bus
(Ehre sei Gott in der Höhe. Und auf Erden Friede den Menschen)

4. Graduale (Stufengesang):  HB 6

HAec di- es, * quam fe- cit
(Dies ist der Tag, den [der Herr] gemacht hat)

5. Alleluia  HB 7

AL-le-lú- ia.

6. Sequenz  HB 8

VIctimae paschá-li laudes * ímmo-lent Christi- á-ni.
(Dem Opferlamm mögen die Christen Lob weihen)

7. Credo (Glaube):  HB 9

CRe-do in unum De- um, Patrem omni-pot-éntem,
(Ich glaube an den einen Gott, den allmächtigen Vater)

8. Offertorium (Opfergesang):  HB 10

TErra * tré-mu- it, et qui- é- vit,
(Die Erde erzitterte und verstummte)

9. Sanctus (Lob):  HB 11

SAnctus, * Sanctus, Sanctus Dómi-nus De- us Sá-ba- oth.
(Heilig, heilig, heilig. Herr, Gott der Heerscharen)

10. Agnus Dei (Bitte):  HB 12

Agnus De- i, * qui tol-lis peccá- ta mun- di : mi-se-ré- re no- bis.
(Lamm Gottes. Du nimmst hinweg die Sünden der Welt, erbarme dich unser)

11. Communio (Abendmahlsgesang):  HB 13

PAscha nostrum * immo-lá- tus est
(Unser Opferlamm ist [Christus])

**Aufgaben**

1. Definieren Sie nach den Text-Inhalten die Funktion des
   a) Proprium: _____
   b) Ordinarium: _____

2. Untersuchen Sie die verschiedenen Arten des Wechselgesangs. – Definieren Sie dann:
   a) responsorial: _____
   b) antiphonal: _____

*Sakrale Vokalmusik*

# Tropus und Sequenz

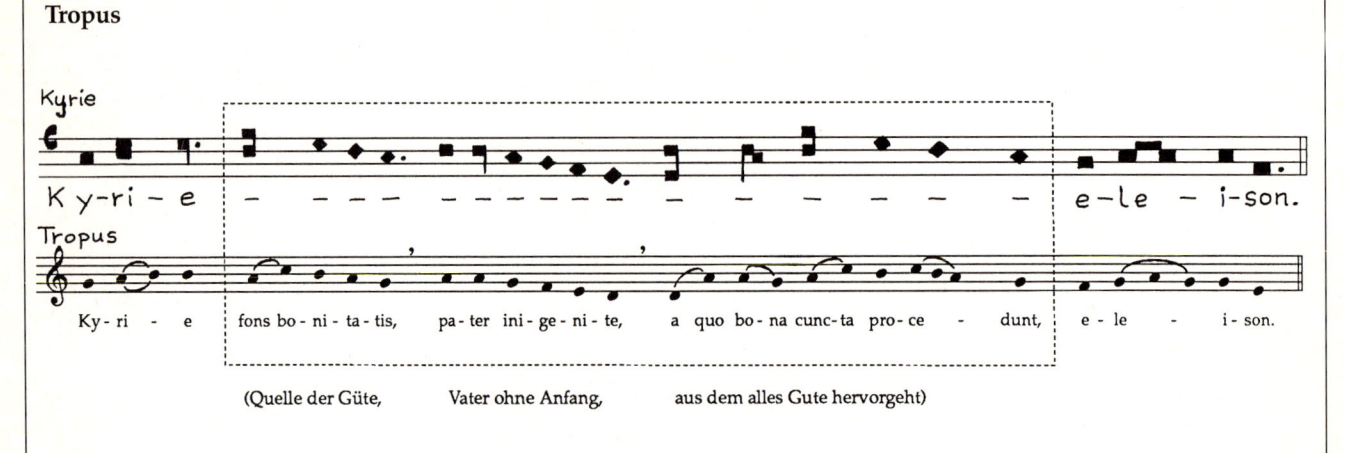

Arbeitsblatt 5

**Tropus**

Kyrie
K y-ri – e — — — — — — — — — — — e – le – i – son.

Tropus
Ky – ri – e   fons bo – ni – ta – tis,   pa – ter ini – ge – ni – te,   a quo bo – na cunc-ta pro – ce – dunt,   e – le – i – son.

(Quelle der Güte,   Vater ohne Anfang,   aus dem alles Gute hervorgeht)

1. Vergleichen Sie Kyrie und Tropus in Melodieverlauf und Text.
2. Welche Partien sind von Texterweiterungen betroffen? Weshalb gerade diese?

Worauf beziehen sich die ›Interpolationen‹ inhaltlich?

3. Definieren Sie den Begriff ›Tropus‹ (lat./griech. Wendung, Weise):

**Sequenz**

Al – le – lu – ia.

Al – le – lu – ia. — Pre-ca-mus nos-tras de-us a-ni-mas et con-sci-en-ti-as di-gne mun-da,

(Wir bitten dich, unsere Seelen und Gewissen würdig zu reinigen …)

4. Inwiefern ist die (frühe) Sequenz eine Sonderform des Tropus?

5. Beschreiben Sie die Verteilung der sechs Textstrophen der ›Ostersequenz‹ auf die vier Melodiezeilen. Stellen Sie die Form der ›Ostersequenz‹ auch grafisch dar.

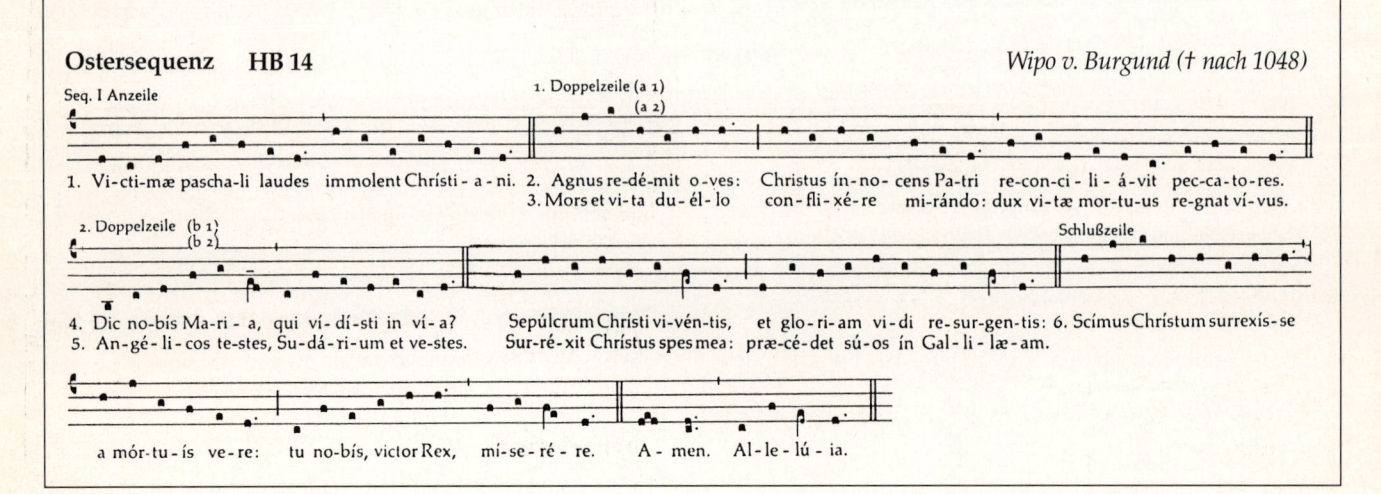

**Ostersequenz**   HB 14

*Wipo v. Burgund († nach 1048)*

Seq. I Anzeile   1. Doppelzeile (a 1)
                                (a 2)

1. Vi-cti-mæ pascha-li laudes immolent Christi-a-ni.   2. Agnus re-dé-mit o-ves: Christus ín-no-cens Pa-tri re-con-ci-li-á-vit pec-ca-to-res.
3. Mors et vi-ta du-él-lo con-fli-xé-re mi-rándo: dux vi-tæ mor-tu-us regnat ví-vus.

2. Doppelzeile (b 1)
                (b 2)                                                                        Schlußzeile

4. Dic no-bís Ma-ri-a, qui ví-dí-sti in ví-a?   Sepúlcrum Christi vi-vén-tis, et glo-ri-am vidi re-sur-gen-tis: 6. Scímus Christum surrexís-se
5. An-gé-li-cos te-stes, Su-dá-ri-um et ve-stes. Sur-ré-xit Christus spes mea: præ-cé-det sú-os ín Gal-li-læ-am.

a mór-tu-ís ve-re: tu no-bís, victor Rex, mi-se-ré-re. A-men. Al-le-lú-ia.

*Sakrale Vokalmusik*

# Gregorianischer Choral und frühe Mehrstimmigkeit

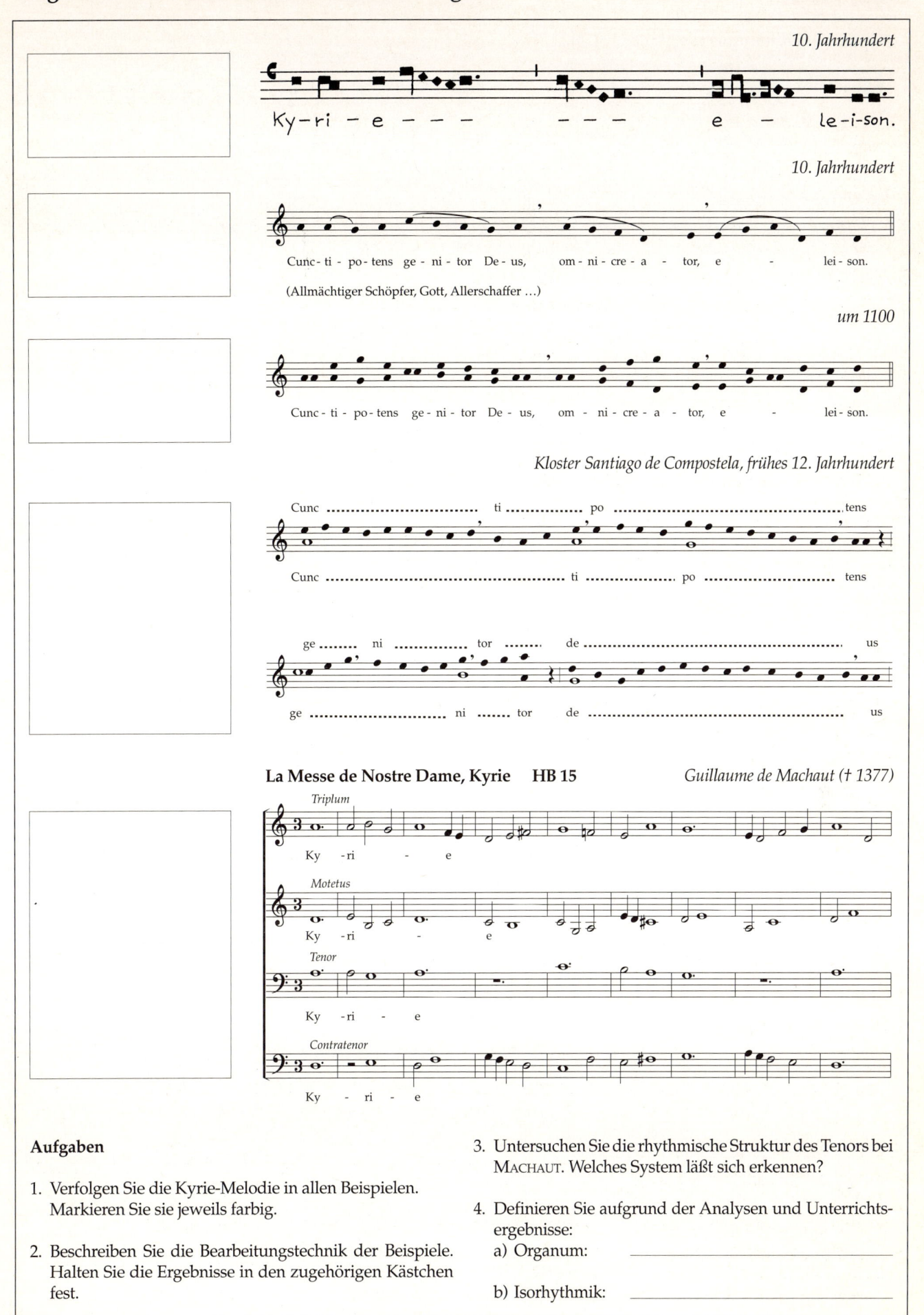

**Arbeitsblatt 6**

*10. Jahrhundert*

Ky - ri - e — — — — — — e - le - i - son.

*10. Jahrhundert*

Cunc - ti - po - tens ge - ni - tor De - us, om - ni - cre - a - tor, e - lei - son.
(Allmächtiger Schöpfer, Gott, Allerschaffer …)

*um 1100*

Cunc - ti - po - tens ge - ni - tor De - us, om - ni - cre - a - tor, e - lei - son.

*Kloster Santiago de Compostela, frühes 12. Jahrhundert*

Cunc ................ ti ............ po ................ tens
Cunc ................ ti ............ po ................ tens

ge ........ ni ........ tor ........ de ................ us
ge ................ ni ........ tor de ................ us

**La Messe de Nostre Dame, Kyrie**   HB 15   *Guillaume de Machaut († 1377)*

*Triplum*
Ky - ri - e

*Motetus*
Ky - ri - e

*Tenor*
Ky - ri - e

*Contratenor*
Ky - ri - e

**Aufgaben**

1. Verfolgen Sie die Kyrie-Melodie in allen Beispielen. Markieren Sie sie jeweils farbig.

2. Beschreiben Sie die Bearbeitungstechnik mehrer Beispiele. Halten Sie die Ergebnisse in den zugehörigen Kästchen fest.

3. Untersuchen Sie die rhythmische Struktur des Tenors bei MACHAUT. Welches System läßt sich erkennen?

4. Definieren Sie aufgrund der Analysen und Unterrichtsergebnisse:
   a) Organum: _____
   b) Isorhythmik: _____

*Sakrale Vokalmusik*

# Gregorianisches und protestantisches Kirchenlied (16. Jh.) – Kontrafaktur

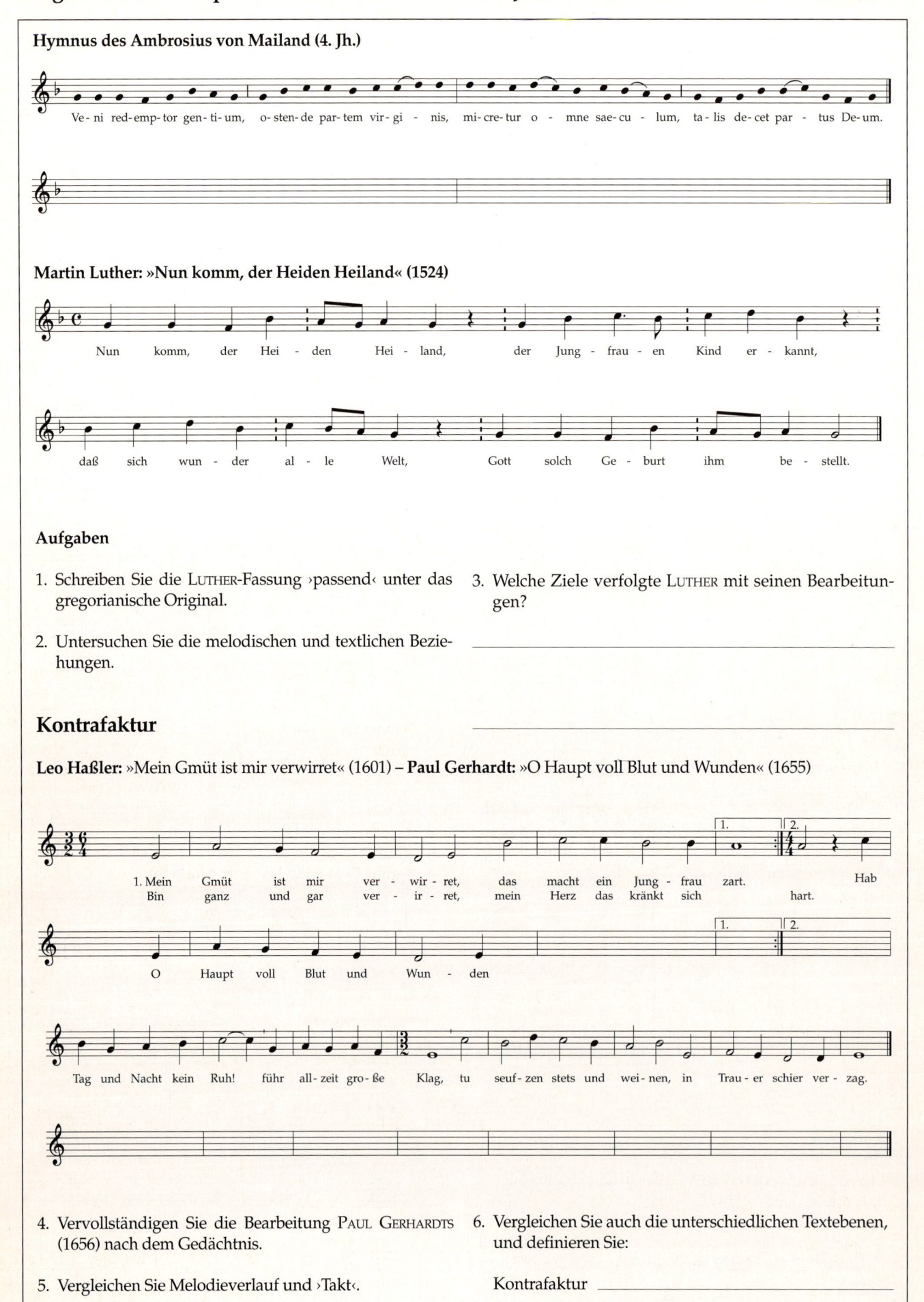

**Arbeitsblatt 7**

**Hymnus des Ambrosius von Mailand (4. Jh.)**

Ve-ni red-emp-tor gen-ti-um, o-sten-de par-tem vir-gi-nis, mi-cre-tur o-mne sae-cu-lum, ta-lis de-cet par-tus De-um.

**Martin Luther: »Nun komm, der Heiden Heiland« (1524)**

Nun komm, der Hei-den Hei-land, der Jung-frau-en Kind er-kannt,

daß sich wun-der al-le Welt, Gott solch Ge-burt ihm be-stellt.

## Aufgaben

1. Schreiben Sie die LUTHER-Fassung ›passend‹ unter das gregorianische Original.

2. Untersuchen Sie die melodischen und textlichen Beziehungen.

3. Welche Ziele verfolgte LUTHER mit seinen Bearbeitungen?

## Kontrafaktur

**Leo Haßler:** »Mein Gmüt ist mir verwirret« (1601) – **Paul Gerhardt:** »O Haupt voll Blut und Wunden« (1655)

1. Mein Gmüt ist mir ver-wir-ret, das macht ein Jung-frau zart. Hab
Bin ganz und gar ver-ir-ret, mein Herz das kränkt sich hart.

O Haupt voll Blut und Wun-den

Tag und Nacht kein Ruh! führ all-zeit gro-ße Klag, tu seuf-zen stets und wei-nen, in Trau-er schier ver-zag.

4. Vervollständigen Sie die Bearbeitung PAUL GERHARDTS (1656) nach dem Gedächtnis.

5. Vergleichen Sie Melodieverlauf und ›Takt‹.

6. Vergleichen Sie auch die unterschiedlichen Textebenen, und definieren Sie:

Kontrafaktur _____

*Sakrale Vokalmusik*

# G. P. da Palestrina: »Missa Papæ Marcelli«

**Arbeitsblatt 8/1**

**Weltliches Chanson »L' homme armé«**  *15. Jahrhundert*

L' hom-me, l' hom-me, l' homme ar-mé, l' homme ar-mé, l' homme ar-mé doit on doub-ter, doit on doub-ter. *Fine*

On a fait par-tout cri-er que chas-cun se viegne ar-mer d'un hau-bre-gon de fer. *Da capo al Fine*

(Den bewaffneten Mann muß man fürchten. Man hat überall ausrufen lassen, daß jeder komme, um sich mit einem eisernen Kettenhemd zu bewaffnen.)

## Kyrie
HB 16

*Sopran:* Ky - ri - e e - lei - - - i - son, Ky-
*Alt:* Ky - ri - e e - lei - son, Ky -
*Tenor 1./2.:* Ky - ri - e e - lei - - son, Ky - ri - e / Ky - ri - e e - lei - - - son
*Baß 1./2.:* Ky -

### Aufgaben

1. Vergleichen Sie den Anfang des Chanson mit dem Kopfmotiv der Messe.
2. Verfolgen Sie das Auftreten des Kopfmotivs (›soggetto‹) in den einzelnen Stimmen. Markieren Sie es farbig.
3. Beschreiben Sie die Satztechnik des ›durchimitierenden‹ Stils innerhalb des Kyrie-Abschnitts.
4. Definieren Sie aufgrund Ihrer Ergebnisse den Begriff ›durchimitierender‹ Stil‹.

   _____

5. Verdeutlichen Sie die dichte imitatorische Struktur des »Agnus Dei I« durch farbige Markierung.

## Agnus Dei I
HB 17

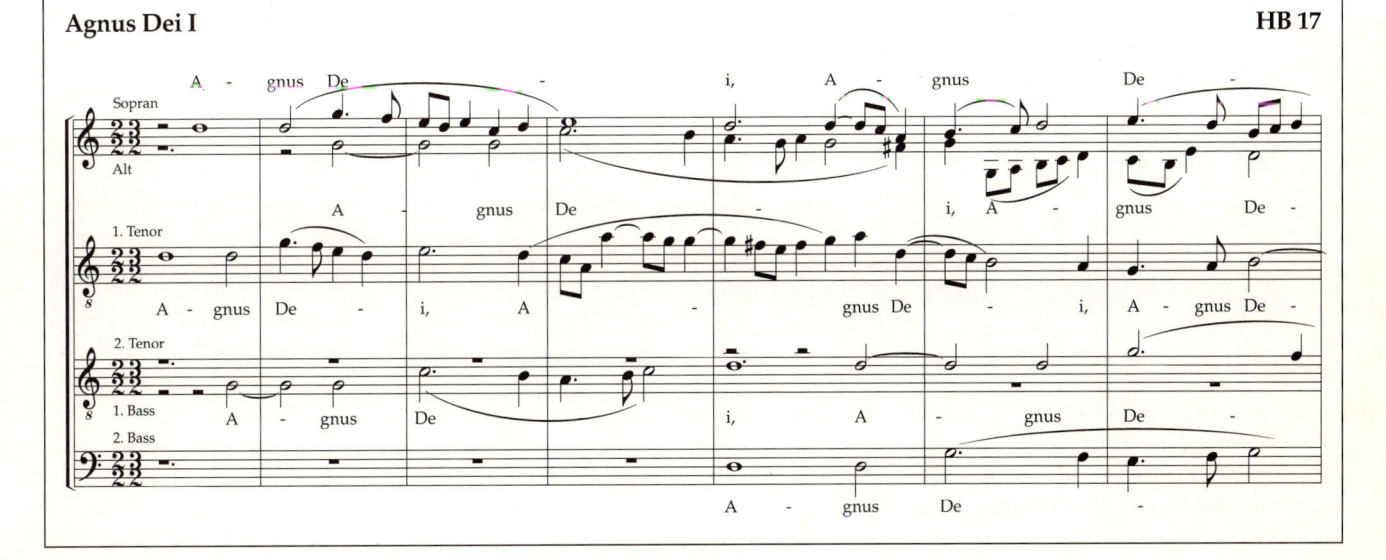

*Sopran:* A - gnus De - - i, A - gnus De -
*Alt:* A - gnus De - - i, A - gnus De -
*1. Tenor:* A - gnus De - i, A - gnus De - i, A - gnus De -
*2. Tenor / 1. Bass:* A - gnus De - i, A - gnus De -
*2. Bass:* A - gnus De -

*Sakrale Vokalmusik*

# G. P. da Palestrina: »Missa Papæ Marcelli«

Arbeitsblatt 8/2

**Dreistimmiger Quintkanon**

A - gnus De - i, A - gnus De - i, A - gnus De - i.

6. Vergleichen Sie den Anfang des Kanons mit dem Kopfmotiv des »L' homme armé«.

7. Notieren Sie den Kanon in Partiturform. Beachten Sie: *Quint*-Kanon und unterschiedliche *C*-Schlüssel!

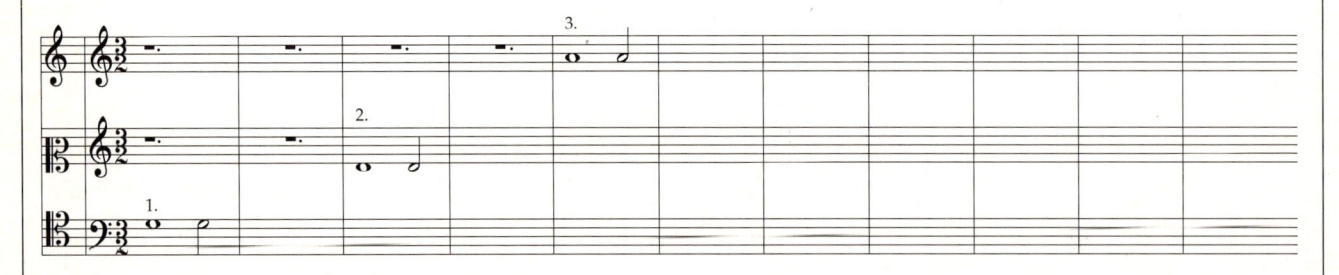

**Agnus Dei II**

HB 18

8. Suchen Sie nach Beziehungen zwischen dem Quintkanon und dem ›Agnus Dei II‹. Verdeutlichen Sie Ihre ›Entdeckungen‹ durch farbige Markierung.

9. Verfolgen Sie die Melodiefortschreitung in den einzelnen Stimmen. Welche Intervalle überwiegen statistisch?

_____

Welche Bedeutung hat dies für die Art PALESTRINAscher Melodik?

_____

10. Das *Konzil von Trient* (1545-1563), das sich mit der Reform der mehrstimmigen Kirchenmusik befaßte, stellte folgende kirchenmusikalische Forderungen auf:

– allgemeine Textverständlichkeit (vor allem in den textreichen Teilen der Messe),
– dem Gottesdienst angemessene Würde des Ausdrucks,
– Ablehung von weltlichen Vorlagen (z. B. cantus firmi) in der Messe.

Inwieweit entspricht die »Missa Papae Marcelli« von PALESTRINA diesen Forderungen?

_____

_____

*Sakrale Vokalmusik*

## J. S. Bach: »Du, Hirte Israel, höre« (BWV 104)

### Einführung

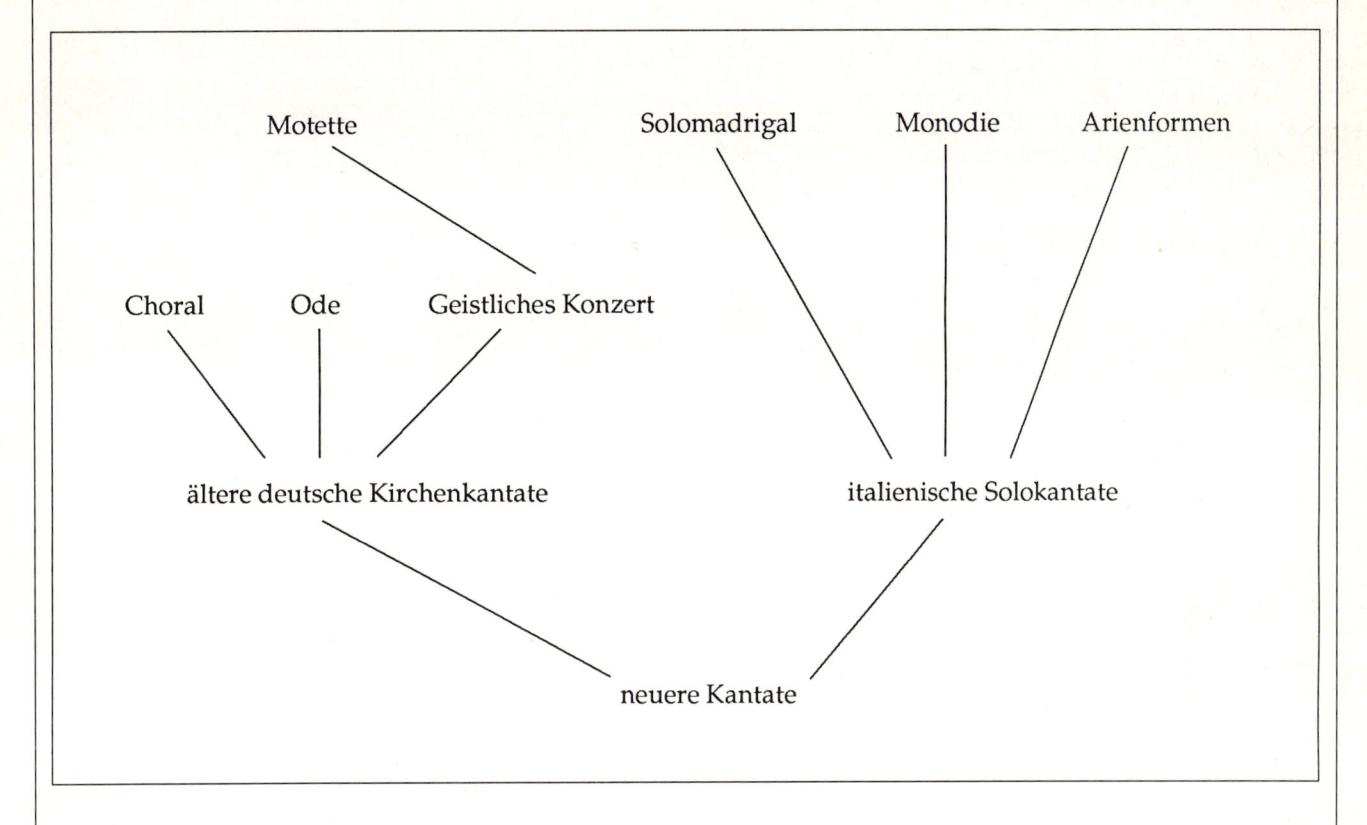

```
    Motette            Solomadrigal    Monodie    Arienformen

Choral   Ode   Geistliches Konzert

    ältere deutsche Kirchenkantate        italienische Solokantate

                       neuere Kantate
```

Die *Kantate* war etwa von 1650-1750 die bedeutendste Gattung der evangelischen Kirchenmusik. Wie früher Geistliches Konzert und Motette hatte sie ihren liturgischen Platz zwischen der Lesung des Evangeliums, an das sie inhaltlich anknüpfte, und der Predigt. Beide - Kirchenmusik und Predigt - dienten der Verkündigung und Auslegung biblischer Texte.

Wie die Abbildung zeigt, hat die Kantate italienische und deutsche Wurzeln. In *Italien* war sie als Solokantate eine beliebte Kammermusikform. Den Anfang bildeten solistisch gesungene Oberstimmen von Madrigalen oder Villanellen, deren Unterstimmen zu Sätzen für Laute oder ähnliche Instrumente zusammengefaßt waren. Nach diesem Modell wurden bald auch ›Solomadrigale‹ komponiert.

Die ›Monodien‹ unterscheiden sich von ihnen durch die ausdrucksstarke, zwischen Rede und Gesang liegende Deklamationsart. Unter ›Arien‹ verstand man vor allem Strophenlieder, die von Strophe zu Strophe auch variiert sein konnten oder über einem ostinaten Baß wechselnde Melodien aufwiesen. Aus der Weiterentwicklung und Mischung dieser Formen verfestigte sich gegen Ende des 17. Jahrhunderts eine Art Standardform der italienischen Kantate mit der Reihenfolge:

▪ Rezitativ – Arie – Rezitativ – Arie.

Dabei waren die Arien meist als ›Da-Capo-Arien‹ angelegt. Stilbildend für die Rezitative war die ›madrigalische Dichtungsart‹ mit ihren betont unregelmäßigen Verslängen und Reimordnungen.

Wurzel der *deutschen Entwicklung* zur Kantate ist die ›Motette‹, eine der ältesten heute noch lebendigen Musikgattungen. Unter dem Einfluß des von Italien ausgehenden konzertierenden Stils wurde daraus das ›Geistliche Konzert‹ mit seiner Besetzungsvielfalt von der kleinen Solistengruppe bis zum mehrchörigen Ensemble.

Einschübe von Choral- und Odenstrophen (liedartige geistliche Dichtungen des 17. und 18. Jahrhunderts) ergänzten das Geistliche Konzert zur mehrteiligen älteren deutschen Kantate.

Von der ›neueren Kantate‹ sprechen wir, wenn die Formen der italienischen Solokantate (identisch mit denen der Oper: Rezitativ, Da-Capo-Arie) sich mit denen der älteren deutschen Kantate verbinden. In der Fachliteratur werden je nach der Zusammensetzung aus Rezitativen, Arien, Bibelversen, Choral- und Odenstrophen mehrere Arten unterschieden.

Am häufigsten bei Bach ist der auch durch die Kantate BWV 104 »Du, Hirte Israel, höre« vertretene Typ mit der Reihenfolge: ›Dictum‹ (Bibelwort) – Folge von betrachtenden Teilen (Arien, Rezitative) – abschließende Choralstrophe.

Bach schrieb die Kantate für den Sonntag »Misericordias Domini« 1724, also im ersten Jahr seiner Leipziger Tätigkeit. In diesem Jahr hatte er sich mit Feuereifer in sein neues Amt gestürzt und einen vollständigen Kantatenjahrgang für alle Sonn- und Feiertage mit 59 Kantaten komponiert.

*Sakrale Vokalmusik*

## J. S. Bach: »Du, Hirte Israel, höre« (BWV 104)

Arbeitsblatt 9/1

**Chor Nr. 1**  HB 19

**Arie Nr. 5**  HB 20

### Aufgaben

1. Notieren Sie die den Pastoralcharakter bestimmenden Merkmale beider Notenbeispiele:

   a) Tempo, Notenwerte, Notengruppierungen:

   b) Phrasierung:

   c) Baßführung:

   (Die in Nr. 1 wiederholt auftretenden Punktierungen ♪♪♪♪ stellen im Zusammenhang mit den Triolen in anderen Stimmen eine zeitbedingte Schreibweise für triolische Rhythmisierungen dar.)

2. Übertragen Sie die Holzbläserstimmen der Takte 5–7 in Triolen.

*Sakrale Vokalmusik*

# J. S. Bach: »Du, Hirte Israel, höre« (BWV 104)

**Arbeitsblatt 9/2**

**aus Arie Nr. 3**  HB 21

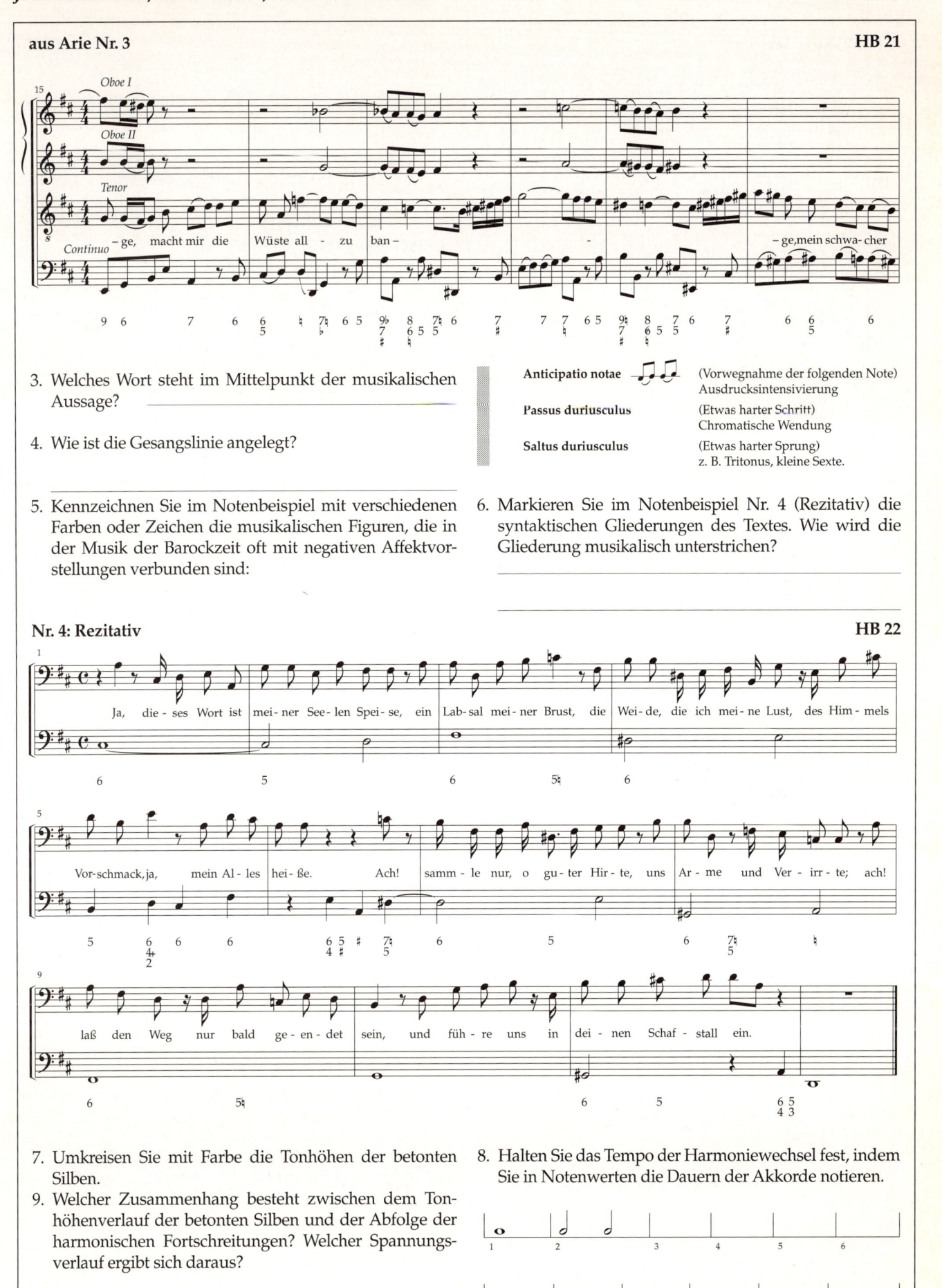

*[Notenbeispiel: Oboe I, Oboe II, Tenor, Continuo – Text: "–ge, macht mir die Wüste allzu ban– –ge, mein schwacher"]*

3. Welches Wort steht im Mittelpunkt der musikalischen Aussage? _____

4. Wie ist die Gesangslinie angelegt? _____

| | |
|---|---|
| **Anticipatio notae** | (Vorwegnahme der folgenden Note) Ausdrucksintensivierung |
| **Passus duriusculus** | (Etwas harter Schritt) Chromatische Wendung |
| **Saltus duriusculus** | (Etwas harter Sprung) z. B. Tritonus, kleine Sexte. |

5. Kennzeichnen Sie im Notenbeispiel mit verschiedenen Farben oder Zeichen die musikalischen Figuren, die in der Musik der Barockzeit oft mit negativen Affektvorstellungen verbunden sind:

6. Markieren Sie im Notenbeispiel Nr. 4 (Rezitativ) die syntaktischen Gliederungen des Textes. Wie wird die Gliederung musikalisch unterstrichen? _____

**Nr. 4: Rezitativ**  HB 22

*[Notenbeispiel Rezitativ – Text: "Ja, dieses Wort ist meiner Seelen Speise, ein Labsal meiner Brust, die Weide, die ich meine Lust, des Himmels Vorschmack, ja, mein Alles heiße. Ach! sammle nur, o guter Hirte, uns Arme und Verirrte; ach! laß den Weg nur bald geendet sein, und führe uns in deinen Schafstall ein."]*

7. Umkreisen Sie mit Farbe die Tonhöhen der betonten Silben.

9. Welcher Zusammenhang besteht zwischen dem Tonhöhenverlauf der betonten Silben und der Abfolge der harmonischen Fortschreitungen? Welcher Spannungsverlauf ergibt sich daraus?

8. Halten Sie das Tempo der Harmoniewechsel fest, indem Sie in Notenwerten die Dauern der Akkorde notieren.

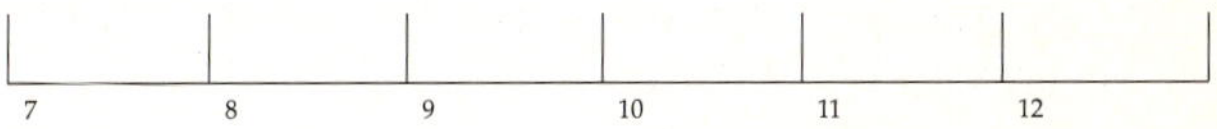

*Sakrale Vokalmusik*

## Joseph Haydn: »Missa in Angustiis« (›Nelson‹-Messe, 1798) – ›Kyrie‹     Arbeitsblatt 10

**Chor-Einsatz Takt 16ff.**     HB 23

### Aufgaben

1. Mit welchen musikalischen Mitteln gestaltet HAYDN den ›Kyrie eleison‹-Ruf?

    a) im Orchester:            b) im Chor:

**Chorstelle Takt 54ff.**     HB 24

2. Leiten Sie das Imitationsmotiv (ab T. 54) aus dem Chor-Thema (T. 16ff.) ab.

3. Verdeutlichen Sie die polyphone Struktur durch farbige Markierungen. – Nennen Sie Vorbilder für diese Setzweise.

**Solo-Stelle Takt 39ff.** (z. T. mit Solo-Quartett)     **HB 25**

4. Welche stilistischen Einflüsse der Zeit lassen sich im Sopran-Solo erkennen?
    (Vergleichen Sie auch die tonartlichen Beziehungen zwischen Solo- und Anfangs-Tutti-Stelle T. 16ff.)

*Sakrale Vokalmusik*

# Anton Bruckner: »Messe in d-Moll« (1864) – ›Kyrie‹

**Arbeitsblatt 11**

**Orchestervorspiel**     HB 26

**Aufgaben**

1. Beschreiben Sie die ›Geste‹ (Melodieverlauf) und den Ausdruck des Anfangsmotivs. – Bestimmen Sie seine Intervalle.

2. Markieren Sie das Motiv im Orchestervorspiel farbig. Wie wird es satztechnisch und motivisch verarbeitet?

**Kyrie I**     HB 27

3. Untersuchen Sie den Choreinsatz unter den Gesichtspunkten ›unisono‹, ›homophon‹, ›polyphon‹. Markieren Sie mit unterschiedlichen Farben.

4. Welches Intervall bestimmt die fallende Linie T. 21ff.? Welcher Ausdruck entsteht?

5. Wie setzt BRUCKNER das ›Christe‹ gegenüber dem ›Kyrie‹ ab? Beachten Sie vor allem die Besetzung und die Intervallgestaltung.

**Christe**     HB 28

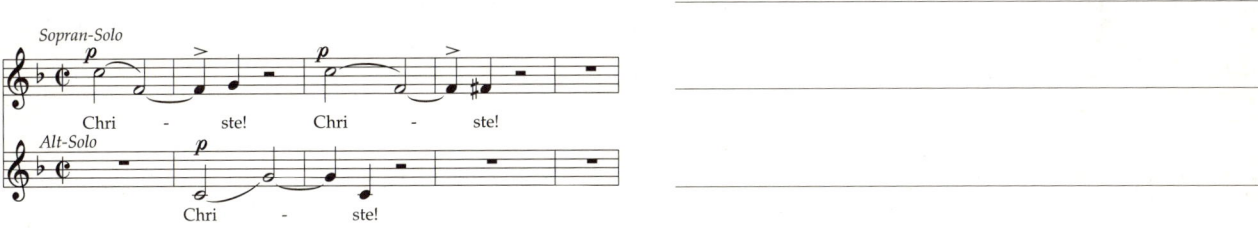

**Kyrie II**     HB 29

6. Vergleichen Sie ›Kyrie II‹ und ›Kyrie I‹ in bezug auf Themengestalt, Satzstruktur und Ausdruck.

*Sakrale Vokalmusik*

# Igor Strawinsky: »Psalmensinfonie« (1930)     Arbeitsblatt 12/1

**Aufgaben**

1. Hören Sie den Anfang der »Psalmensinfonie«. Vergleichen Sie das Klangbild mit der einer klassisch-romantischen Sinfonie. Welche Klangvorstellung läßt sich an der Auswahl der Instrumente erkennen?

___

**1. Satz**     HB 30

2. Beschreiben Sie die horizontalen und vertikalen Vorgänge. Markieren Sie mit unterschiedlichen Farben.

___

3. Aus den Einleitungsfiguren leitet STRAWINSKY Varianten ab. Beschreiben Sie sie:

**Chorteile** (Texte aus Psalm 39, Vers 13-14)

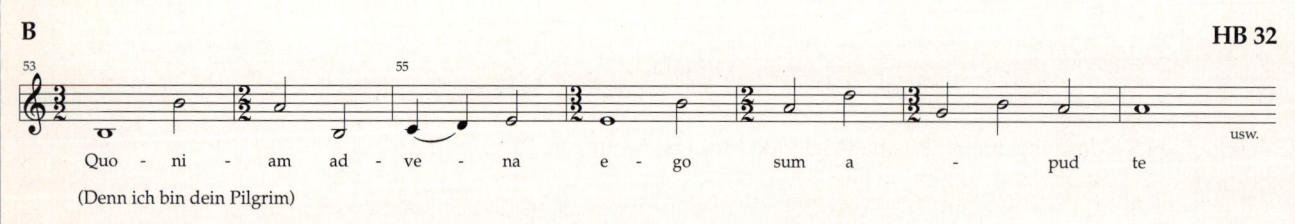

$A^1$     HB 31

Ex-au-di o-ra-ti-o-nem me-am, Do-mi-ne.    Et de-pre-ca-ti-o-nem me-am.

(Erhöre mein Gebet, Herr, und mein Schreien)

**B**     HB 32

Quo-ni-am ad-ve-na e-go sum a-pud te

(Denn ich bin dein Pilgrim)

$A^2$     HB 33

Re-mit-te mi-hi (Laß ab von mir)

4. Welcher Einfluß läßt sich im Melodiegestus des Alt ($A^1$-Teil) erkennen?

5. Vergleichen Sie die Melodiefortschreitung des B-Teils mit der des $A^1$-Teils:

6. Der $A^2$-Teil ist eine freie Reprise des $A^1$-Teils. Beweisen Sie dies am Notenbeispiel.

*Sakrale Vokalmusik*

# Igor Strawinsky: »Psalmensinfonie« (1930)

**Arbeitsblatt 12/2**

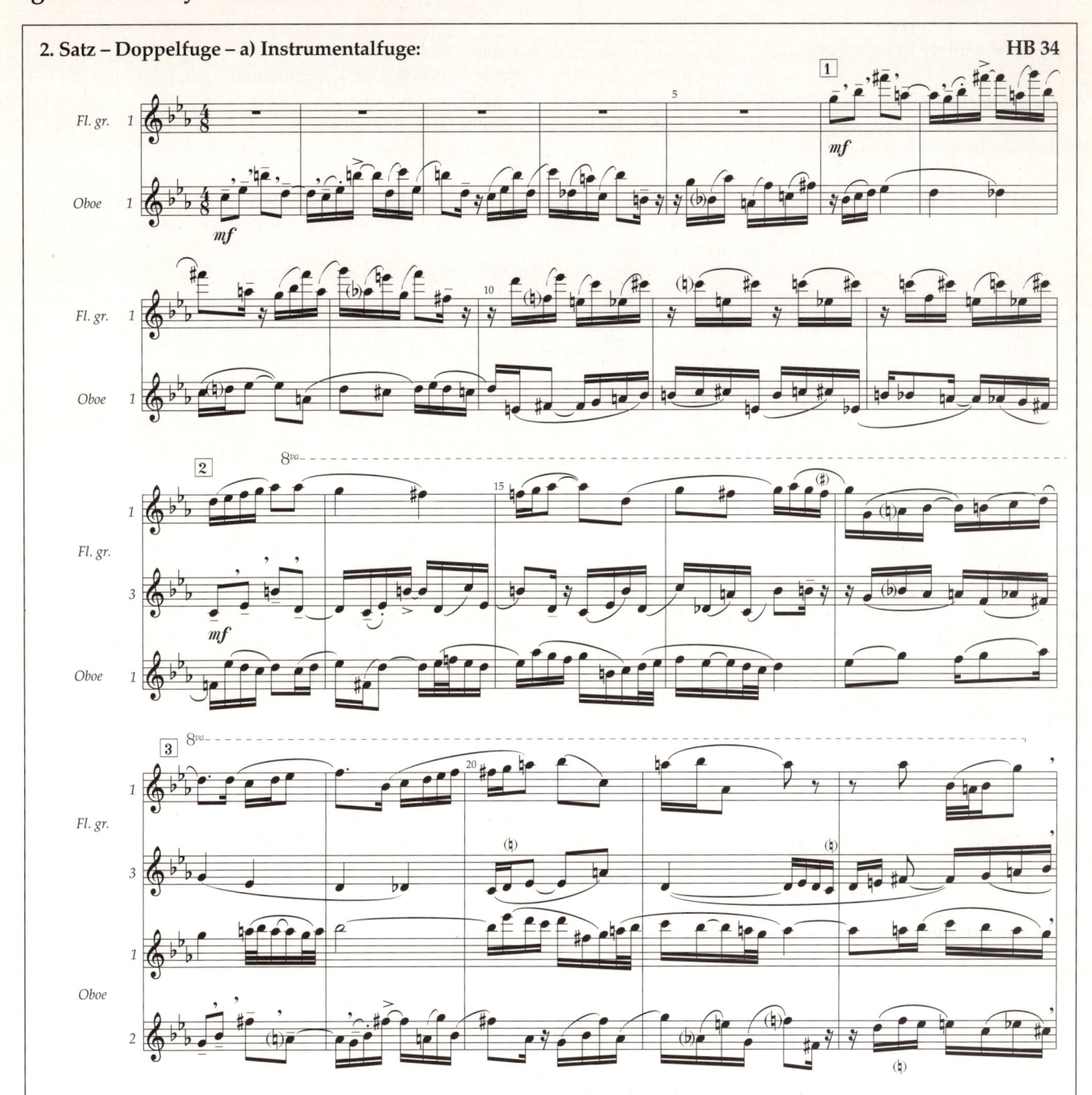

**2. Satz – Doppelfuge – a) Instrumentalfuge:**  HB 34

[Notenbeispiel: Instrumentalfuge für Fl. gr. 1, Fl. gr. 3 und Oboe 1, Oboe 2]

7. Beschreiben Sie das Instrumentalthema (Melodik, Motivbeziehungen, Phrasierung u. a).
8. Markieren Sie die Themeneinsätze im Notenbeispiel.
9. Vergleichen Sie die Handhabung der Form bei STRAWINSKY mit einer barocken Fugenexposition.

**b) Chorfuge ab Takt 29** (Text: Psalm 40, Vers 2)  HB 35

[Notenbeispiel: S., A., V.-C./C.-B.  
Text: Ex- pec- tans ex-pec-ta- vi DO- MI- NUM, et in- ten- dit,  
(Ich harrte des Herrn, und er neigte sich [zu mir])]

10. Beschreiben Sie das Vokalthema. – Vergleichen Sie es mit dem Instrumentalthema.
11. Untersuchen Sie die Unterstimme (Vc/Kb) auf ihre Thematik hin.

Sakrale Vokalmusik

# Lösungen – Hinweise

**Zu Arbeitsblatt 1** (s. Aufgabe S. 8)

Der gregorianische Choral ist göttlichen Ursprungs. Die Taube (= der Heilige Geist) übermittelt die Gesänge, die GREGOR seinem Schreiber weitergibt.

**Zu Arbeitsblatt 2** (s. Aufgaben S. 9)

1. Punkte, Striche; Zeichenverbindungen in Zickzack- und Wellenlinien auf- und abwärts; sie deuten Tonhöhenunterschiede und -bewegungen an.
   In Beispiel 2 dient ein waagerechter Strich als ›Orientierungslinie‹. Jede weitere Linie (im Terzabstand) erhöht die (relative) Eindeutigkeit der Notation. (Zum Beispiel 3 vgl. auch die spätere Notation des »Alleluia« auf A 3.)

2. Transkription des ›Resurrexi‹-Anfangs:

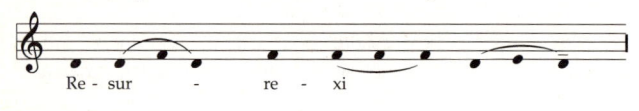

   Re-sur-re-xi
   et ad-huc te-cum sum,
   al-le-lu-ia:

**Zu Arbeitsblatt 3** (s. Aufgaben S. 10)

1. Grafisches Modell der Psalmformel:

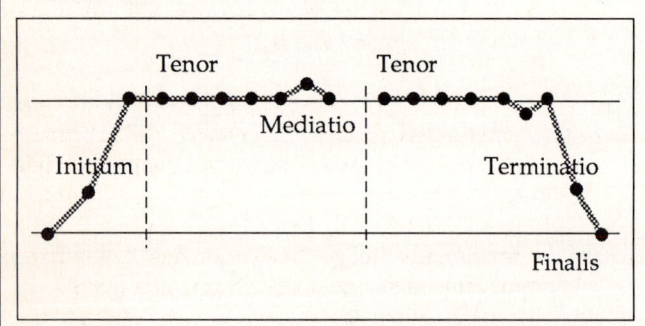

   [Diagramm: Initium – Tenor – Mediatio – Tenor – Terminatio – Finalis]

2. **Initium**   Anfangswendung der Psalmtöne, zum Tenor aufsteigend;
   **Tenor**   Rezitationston auf gleichbleibender Tonhöhe;
   **Mediatio**   Mittelzäsur, -kadenz;
   **Terminatio**   Schlußwendung, -kadenz;
   **Finalis**   Schlußton.

4. *Psalm*: Durch den auf gleichbleibender Tonhöhe rezitierenden Tenor bestimmt. Textverständlichkeit steht im Vordergrund.
   *Alleluia*: Weit ausschwingende Melodiebewegung. Intervallsprünge bis zur Quint auf- und abwärts. Motivbezüge erkennbar. Ausdruck der jubelnden, von Lob erfüllten Seele. Der ›Jubilus‹ ist Sinnbild des überschwänglichen (›wortlosen‹) Lobgesangs.

5. *Psalm:*
   Syllabische Gesänge: Jeder Silbe ist nur *ein* Ton zugeordnet.
   *Alleluia:*
   Melismatische Gesänge: einer Silbe sind *mehrere* (viele) Töne zugeordnet.

6. a) Pro Silbe ein Ton (›syllabisch‹);
   b) längere Melodieteile auf einer Silbe (›melismatisch‹).

**Zu Arbeitsblatt 4** (s. Aufgaben S.11)

1. a) *Proprium* (lat. eigen, zugehörig): dem jeweiligen Sonn- und Festtag (Heiligenfest) im Kirchenjahr zugehöriger Text; daher von Gottesdienst zu Gottesdienst wechselnd.
   Hier: Alle Propriumtexte beziehen sich auf Ostern.
   b) *Ordinarium* (lat. ordentlich, der Ordnung gemäß): die textlich feststehenden Teile des Meßgottesdienstes, die in jeder Messe gleich sind.

2. Die ›Ostermesse‹ unterscheidet folgende Arten des *Wechselgesangs*:
   Vorsänger/Priester – Schola/Gemeinde, und Kantoren/Chorhälfte – Schola/Gemeinde.
   a) *responsorial:* Wechsel Vorsänger – Schola (Chor).
   b) *antiphonal:* Wechsel von zwei Chören; oft wechselt ein kleiner Chor (Kantoren) mit dem Gesamtchor (Schola) ab.

**Zu Arbeitsblatt 5** (s. Aufgaben S.12)

**Tropus**

1. *Melodieverlauf:* Fast notengetreue Übernahme; lediglich auf der Silbe ›(pro-)ce(-dent)‹ ist im Tropus ein zweitöniges Melisma eingefügt.
   *Text:* im Tropus Texteinschub auf dem Kyrie-Melisma.

2. Das *Kyrie-Melsima* wird syllabisch austextiert.
   Gründe: Freude an der Textausdeutung; Gedächtnisstütze (Vorbild NOTKER BALBULUS von St. Gallen, gest. 912) für das Auswendiglernen und Behalten langer Melismen. Die Textinterpolationen sind durchweg Auslegungen des ursprünglichen Textes; hier: des Wortes ›Kyrie‹.

3. *Definition* ›Tropus‹: Eingeschobene (oder angehängte) Text- (oder Melodie-)Erweiterung.

**Sequenz**

4. Die Sequenz ist ursprünglich die Tropierung des ›Alleluia-Jubilus‹.

5. Melodiezeile a: 1. Strophe; b: 2. und 3. Strophe; c: 4. und 5. Strophe; d (b'): 6. Strophe.

Grafische Darstellung:

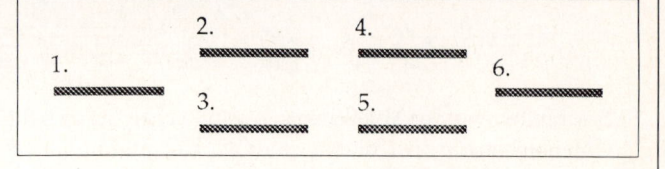

[Diagramm: 1. | 2. | 3. | 4. | 5. | 6.]

*Sakrale Vokalmusik*

# Lösungen – Hinweise

**Zu Arbeitsblatt 6** (s. Aufgaben S.13)

1.-2. Beispiel 2: Tropierung des Kyrie (›Tropus‹).
Beispiel 3: Der Tropus aus Beispiel 2 wird vertikal tropiert, d. h. durch eine ›vox organalis‹ zum zweistimmigen Organum erweitert (›Freies Organum‹, Note gegen Note, meist in Gegenbewegung).
Beispiel 4: Cunctipotens-Tropus als gedehnter c. f. in der Unterstimme; schweifende (melismatische) ›vox organalis‹ (›Schweifendes Organum‹, Haltetonfaktur).
Beispiel 5: Das ›Kyrie‹ als c. f. im Tenor der vierstimmigen Messe (›Ars nova‹).

3. Der Praxis der *Ars nova* (ca. 1320-1380) entsprechend ist der c. f. des Tenors isorhythmisch gestaltet. Gleichrhythmische Einheit ist:

4. *Organum* (lat. Werkzeug, Instrument, Orgel): frühe Mehrstimmigkeit. Erweiterung eines gregorianischen c. f. um eine oder mehrere Stimmen.
*Isorhythmik*: Gliederung des Tenors (oder c. f.) in rhythmisch gleiche Einheiten.

**Zu Arbeitsblatt 7** (s. Aufgaben S.14)

1. Synopse der beiden Fassungen:

**Hymnus des Ambrosius von Mailand (4. Jh.)**

Ve- ni red-emp-tor gen - ti-um, o-sten-de par-tem vir-gi-nis,

mi-cre-tur o-mne sae-cu-lum, ta- lis de-cet par-tus De-um.

2. *Text:*
Übersetzung des lateinischen Textes in freier dichterischer Gestaltung; Reimschema a – a – b – b.
*Melodie:*
Enge Anlehnung an das Original. Beide weitgehend syllabisch. Die vierteilige Anlage des ›Hymnus‹ kommt der (späteren) Metrisierung und Takteinteilung entgegen.

3. LUTHERS Ziele:
   – das Liedgut der (katholischen) Gregorianik erhalten;
   – der singenden Gemeinde den Text verständlich machen;
   – die Melodik (wo nötig) dem gängigen Volkslied angleichen, dem »Maul des Volkes« entsprechend.

**Kontrafaktur**

4. Die Synopse der beiden Fassungen bietet keinerlei Schwierigkeiten. (Sie braucht hier nicht reproduziert zu werden.)

5. *Melodieverlauf:* in beiden Fassungen gleich.
›Takt‹: Einebnung des zwischen 3/2 und 4/4 wechselnden Originals in einen gleich bleibenden 4/4-Takt.

6. HASSLER: Liebeslied.
PAUL GEBHARDT: geistliches (Karfreitags-)Lied. Die ursprüngliche Textebene wird - der Wortbedeutung entsprechend - ›ins Gegenteil gewandt‹.
*Definition*: Unterlegung eines ursprünglich weltlichen Liedes mit einem geistlichen Text (oder umgekehrt). Die Liedweise selbst bleibt unangetastet.
Sinn und Zweck der *Kontrafaktur* ist es, beliebte weltliche Gesänge für den Gottesdienstgebrauch zu gewinnen.

**Zu den Arbeitsblättern 8** (s. Aufgaben S. 15f.)

1. Das ›Kyrie‹ verarbeitet als *soggetto* den Anfang des »l' homme armé« (von dem insgesamt etwa 30 Bearbeitungen erhalten sind).

2. Das *soggetto* erscheint in unterschiedlicher rhythmischer Gestalt in allen Stimmen.

3. An der Imitation des »l' homme armé«-soggettos sind alle Stimmen gleichermaßen beteiligt. Das Kopfmotiv bestimmt die thematische Physiognomie des gesamten Kyrie-Abschnitts. Engführungen.

4. Durchimitierender Stil: Eine Satztechnik, in der eine melodisch-rhythmische Einheit (›soggetto‹) in allen beteiligten Stimmen imitiert wird und das gesamte Satzbild bestimmt.

5. Auch das ›Agnus Dei I‹ verwendet den Anfang des »l' homme armé« als soggetto. Durchimitierender Stil wie im ›Kyrie‹. (Das ›soggetto‹ erscheint in zwei unterschiedlichen rhythmischen Gestalten, einer ›kurzen‹ und einer ›längeren‹ Form. Bei der farbigen Markierung am besten unterschiedliche - aber verwandte - Farben benutzen!)

6. Kopfmotiv ebenfalls aus dem »l' homme armé«.

7. Der Quint-Kanon in Partiturform: Noten s. Seite 26 o.

8. Der dreistimmige *Quintkanon* ist gleichsam das Rückgrat des Agnus Dei II. Einsatzfolge:
B 1 (T. 1) – A 2 (T. 3) – S 2 (T. 5).

9. Statistisch überwiegt die Sekundfortschreitung (vor der Prim und Quart). Die Sekund erscheint mehr als doppelt so oft wie alle anderen Intervalle zusammen. – Ergebnis: eine fließende, ruhig strömende Bewegung der einzelnen Stimmen wie des gesamten Satzes.

*Sakrale Vokalmusik*

# Lösungen – Hinweise

**Der Quint-Kanon in Partiturform**

5. Anticipatio notae:

   Passus duriusculus:

   Saltus duriusculus:

6. -7.:

**aus Arie Nr. 3**

10. Die *Textverständlichkeit* im ›Kyrie‹ und ›Agnus Dei‹ ist trotz des dichten polyphonen Satzes und der kontrapunktischen Raffinessen nicht gefährdet, weil sich der Text auf wenige (den Hörern des 16. Jh. wohlbekannte) Worte beschränkt. – Die ruhig fließende Melodiefortschreitung und der volle 5- bis 7stimmige Satz (mit starker Besetzung der Mittel- und Unterstimmen) gewährleisten die ›pia gravitas‹, die Ausgewogenheit und *Würde* des PALESTRINAschen Chorklanges. – Die Forderung des Konzils, auf *weltliche* (›unreine‹) *cantus firmi* zu verzichten, hat PALESTRINA nur zeitweise und bedingt befolgt, wie die »Missa Papae Marcelli« erkennen läßt.

**Nr. 4: Recitativ**

**Zu den Arbeitsblättern 9** (s. Aufgaben S. 18f.)

1. a) ruhiges Tempo. Vorwiegend ♩- und ♪-Noten. Dreiergruppen.

   b) Phrasierungen:

   c) Im Baß häufig Orgelpunkte.

2. 

3. Im Mittelpunkt der musikalischen Aussage steht das Wort ›bange‹.

4. Die Gesangslinie ist eine Phrase von zwei Takten, die sequenziert eine große Sekunde höher wiederholt wird. Die Spitzentöne *f – g – a* bilden die Figur der Climax (Steigerung).

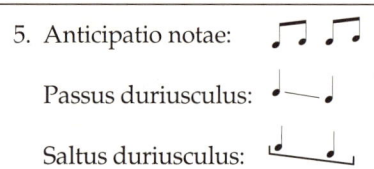

Der Text gliedert sich in zwei durch Kommata und Pausen unterteilte Aussagesätze, die je mit einer Kadenz schließen (Takt 6 und Takte 11/12). Die Tonhöhen der betonten Silben sind umkreist.

*Sakrale Vokalmusik*

# Lösungen – Hinweise

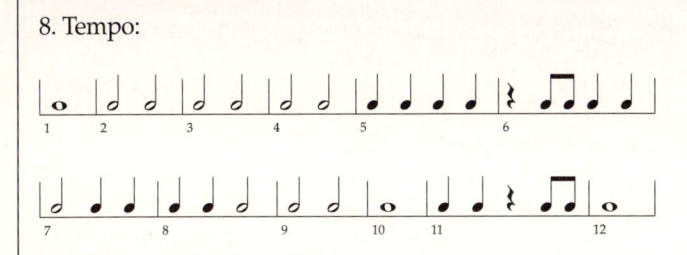

8. Tempo:

(Notenbeispiel: Takte 1–12 mit Rhythmusnotation)

9. Die Tonhöhen der betonten Silben steigen im Prinzip bis Takt 5 und fallen von Takt 6 bis Takt 10. Die letzten zwei Takte weisen inhaltsbedingt nach oben. Der Tonhöhenverlauf zeichnet damit Beschleunigung und Verlangsamung der Harmoniewechsel nach. Die Ausdrucksspannung des Rezitativs steigt zur Mitte hin an und löst sich wieder in der zweiten Hälfte.

## Zu Arbeitsblatt 10 (s. Aufgaben S. 20)

1. *Clarinen* und *Pauken* im Oktavabstand ›unisono‹ (clarino: hohe, hell klingende *Naturtrompete* mit engerem Mundstück; vor allem im 17./18. Jahrhundert).
Fanfarenartige Rhythmik; triumphaler, feierlicher Klang. (Trompeten und Pauken sind ›königliche‹ Instrumente.)
Streicherviertel wie eine freie Imitation des Chor-Kyrie-Rufes.
Chor: unisono, weite Oktavsprünge, Punktierung: Eindringlichkeit, Intensität des Kyrie-Rufes.
Ab Takt 22: Sequenzierung des (jetzt vierstimmigen) Kyrie-Rufes – Steigerung der Bitte (bis zum Höhepunkt der Fermate in Takt 27).

2. Das *Imitationsmotiv* ist dem Chorthema T. 22f. entnommen.

3. Die *polyphon-imitatorische Setzweise* hat ihre Vorbilder in der Kirchenmusik der Barockzeit und vor allem der Vokalpolyphonie des 15./16. Jahrhunderts.
Namen: BACH, PALESTRINA.

4. Die geradezu instrumental-virtuose Führung des Solo-Soprans zeigt den *Einfluß* der zeitgenössischen Oper, der Koloraturarie, auf die Kirchenmusik.
Die Tonartenbeziehung d-Moll – F-Dur (Choreinsatz – Solostelle) deutet darauf hin, daß die Formkräfte der Sonate und Sinfonie auch in die Messe hinein wirken.

## Zu Arbeitsblatt 11 (s. Aufgaben S. 21)

1. Das *Anfangsmotiv* – mit seiner Intervallfolge: aufsteigende verminderte Quint/fallende kleine Sekund – zeichnet die Geste des Flehens, des Bittens nach. Der übergebundene, gedehnte Vorhalt unterstreicht dies.

2. Mehrmalige *Engführung* des Anfangsmotivs. Der Einsatzton wird jeweils um eine Sekund nach oben geschoben: Steigerung des Flehens durch Wiederholung und (Höher-) Sequenzierung.

Ab Takt 9: Verkürzung des Motivs zur fallenden kleinen Sekund (›Seufzer‹), bzw. Umkehrung der Bewegungsrichtung.

3. Choreinsätze:
T. 21ff.: polyphon(-imitatorisch);
T. 25ff.: unisono;
T. 30ff.: homophon-akkordisch.

4. *Fallende Sekund* (chromatische Linie) mit ›Seufzern‹ in S/A und T/B.
Ausdruck: klagend, bittend.

5. a) Besetzung: Solostimmen S, A (und T).
b) Intervallgestaltung:
*Sopran*: fallende reine Quint/steigende große Sekund; fallende reine Quint/steigende kleine Sekund.
*Alt*: steigende reine Quint/fallende reine Quint.
Der Ausdruck wird heller, hoffnungsfroher.

6. *Themengestalt*: in Kyrie I und II gleich.
Satzstruktur: im Kyrie II polyphon-imitatorisch.
Ausdruck: die Satzverdichtung im Kyrie II bewirkt eine Steigerung des Flehens und Bittens.

## Zu den Arbeitsblättern 12 (s. Aufgaben S. 22f.)

1. Besetzung: Die ›eigentlichen‹ Streicher (Vl. 1, Vl. 2, Vla.) fehlen; nur Vcl. und Kb sind vorhanden. Holzbläser (ohne Klarinette) und Blechbläser sind sehr stark besetzt. Hinzu kommen zwei Klaviere, Schlagwerk und Harfe. STRAWINSKY will den romantischen Wohl- und Schmelzklang vermeiden; er sucht klangliche Distanz, eine eher kühle, ›objektivierte‹ Klanggebung. – Im Chor werden für Sopran und Alt anstelle der ›weicheren‹ Frauenstimmen Knabenstimmen gefordert.

2. Viertönige, auf- und abwärtslaufende Figuren (nicht ›Motive‹); gebrochene Akkorde; Terzen herrschen vor; zu verschieden langen Ketten aneinandergereiht. Es ergeben sich nur scheinbar symmetrische Gebilde. Die kompakten (e-Moll-)Akkorde wirken wie unregelmäßige ›Pfeiler‹, die die Figurenketten tragen.
Grafische Darstellung:

(Grafik: senkrechte Balken und schräge Linien als Darstellung der Figuren)

3. Takt 15ff.: Einheitlich aufwärts laufende Vierton-Sechzehntelgruppen; aus der Anfangsfigur (T. 2ff.) abgeleitet.
Takt 53: viertönige aufwärtsgerichtete Achtelgruppen; augmentierte Form der Anfangsfigur über ostinatem Baß.

4. Melodik aus kleinen Sekunden. Ausdruck der Bitte, der Angst, des Flehens. Der Einfluß gregorianischer Melodik ist unverkennbar.

*Sakrale Vokalmusik*

# Lösungen – Hinweise

Der Wechsel Alt – Chor erinnert an antiphonale Vortragsweisen der Gregorianik (Chorteil – Chor).

5. Weite Intervalle. Große Sprünge, die sich von der Oktave über die Septime und Quinte bis zur Terz (und Sekund) verengen. – Extrem gegensätzliche Melodiefortschreitung zu Teil A$^1$.

6. A$^2$ nimmt im Tenor die Sekundmelodik von A$^1$ wieder auf. Auch in den übrigen Stimmen herrscht die kleine Sekund (horizontal und vertikal) vor.

7. Bizarr zerklüftete Melodiekonturen; große, z. T. übermäßige und verminderte Intervalle. Hervorstechendes Intervall: die Septime.
   Themabestimmend: der Themenkopf, die ersten vier Töne: kleine Terz aufwärts – übermäßige Quint aufwärts (insgesamt eine große Septime) – große Sexte abwärts.
   Jeder der vier Töne ist durch Artikulationsanweisung abgesetzt.
   Takt 2-3 (1. Hälfte): wiederholt und erweitert das Motiv in diminuierter Form und veränderter Schwerpunktbildung und Artikulation.
   Takt 3 (2. Hälfte) bis 4: erneute Motivmetamorphose;
   Takt 5: Fortspinnung der ›bizarren‹ Intervallbewegung in den zweiten Themeneinsatz hinein.
   Die Spitzentöne ergeben den Krebs von B – A – C – H.

8. *Themeneinsätze:*
   Takt 1:   1. Oboe;
   Takt 6:   (große) 1. Flöte;
   Takt 13: (große) 3. Flöte;
   Takt 18: 2. Oboe.

9. Tonartenfolge: Tonika (hier c) / Dominante (g) / Tonika (c) / Dominante (g). Der barocken Praxis entsprechend.
   Die Beantwortung geschieht real.
   In den Kontrapunkten vorwiegend Sekundfortschreitung. Die Phrasierung spannt weitere Bögen. Zum Teil komplementäre Rhythmik. Die Kontrapunkte bilden eigenständige ›Fäden‹ zum Thema. – Der 1. Kontrapunkt ist (mit kleinen Abweichungen) ›beibehalten‹.

10. Das *Thema* ist - im Vergleich zum Instrumentalthema - sanglich-fließend, eben ›vokal‹. Tonwiederholungen und eine Reihe von (meist kleinen) Sekunden werden von einer fallenden Quart und einer steigenden Sexte eingerahmt.

11. Vlc und Kb kontrapunktieren das Vokalthema mit dem Instrumentalthema.

*Sakrale Vokalmusik*

# Das Requiem

**Arbeitsblatt 13**

## Kompositionsgeschichtliche Positionen einer Gattung

Totengedächtnis und Fürbitte für die Verstorbenen haben in der Feier der Messe schon immer ihren Platz. Im Hochgebet (Canon Missæ) wie zum Beginn des Gottesdienstes bei den Kyrie-Rufen wird der Toten gedacht. Im 14. Jahrhundert wurde Allerseelen (2. November) als Gedenktag für die Seelen im Fegfeuer allgemein eingeführt. THOMAS VON AQUIN (ca. 1225-1274), der bedeutenste Philosoph und Kirchenlehrer des Hochmittelalters, hat die tradierte Glaubensüberzeugung von einem Purgatorium als Ort der Läuterung von Schuld theologisch begründet. Die lehramtliche Definition erfolgte durch das *Konzil von Trient* (1545-1563).

Die Anfänge einer eigenen Messe für die Verstorbenen (missa defunctorum) reichen bis ins 7. Jahrhundert zurück und lagen in Frankreich. Wechselnde Texte, wie sie die Tabelle zum Teil zeigt, für Introitus, Graduale, Tractus, Offertorium und Communio, also für das Proprium, hatten zur Folge, daß eine mehrstimmige Vertonung erst spät einsetzte und der Vortrag im gregorianischen Choral zunächst die Regel war. Die Reform des Meßbuches (1564) legte die liturgischen Texte einheitlich und verbindlich fest. Das erste Wort des Introitus ›Requiem‹ wird zur Bezeichnung für die ganze Totenmesse. Die Neugestaltung der Liturgie nach dem *2. Vatikanischen Konzil* sieht für das Requiem wieder alternative Propriumstücke vor und signalisiert eine Neuorientierung insofern, als an die Stelle der Sequenz nun ein österlicher Alleluiagesang tritt.

*Introitus* und Communio *gehören* als Prozessionsgesänge zum Einzug und zum Kommuniongang zur Gruppe der ›antiphonischen Gesänge‹, worauf die ursprüngliche Bezeichnung ›Antiphona ad …‹ (Antiphon zu …) hinweist.

Als ›Antiphona ad Offerendam‹ (zur Gabenprozession) bezeichnen die alten Handschriften auch das *Offertorium*, obwohl es schon früh in responsorischer Gesangsweise vorgetragen wurde, also mit Soloversen, die im Laufe der Zeit wegfielen. Mit Vers und Teilwiederholung der Antiphon ist am Offertorium des Requiem der responsoriale Charakter noch zu erkennen.

Meditationsgesänge nach den Lesungen sind das *Responsorium graduale*, das von den Stufen (gradus) zum Ambo (Lesepult) wohl solistisch vorgetragen wurde, und das *Alleluia*.

Die Tractus-Gesänge, die zuweilen das *Alleluia* ersetzen, gehören zum ältesten gregorianischen Repertoire. Ihre Psalmverse werden in einem Zug (tractim), also ohne Antiphon vorgetragen.

### Aufgaben

1. Markieren Sie in der Tabelle farbig: Ordinarium- und Propriumteile, und von diesen jene Texte, die die Reform von 1564 als liturgisch verbindlich erklärt hat und die für eine mehrstimmige Vertonung des Requiem heute noch die übliche Zusammenstellung bilden.

2. Überlegen Sie, warum ›Gloria‹ und ›Credo‹ im Requiem nicht Ordinariumteile sind.

## Die musikalischen Teile des Requiems

| Introitus | Kyrie | Graduale | Alleluia | Tractus | Sequenz |
|---|---|---|---|---|---|
| *Requiem æternam dona eis Domine …* Ewige Ruhe gib ihnen, Herr … *Dirige, Domine …* Lenke, Herr … | *Kyrie eleison …* Herr, erbarme Dich … | *Requiem æternam …* Ewige Ruhe … *Si ambulem in medio umbræ mortis …* Wenn ich wandle inmitten des Todesschattens … | *In exitu Israel de Aegypto …* Beim Auszug Israels aus Ägypten … | *Absolve, Domine …* Erlöse, Herr … *De profundis clamavi ad te, Domine …* Aus der Tiefe rufe ich zu Dir, Herr … | *Dies iræ, dies illa …* Tag der Rache, jener Tag … |

| Offertorium | | | Sanctus | Agnus Dei | Communio |
|---|---|---|---|---|---|
| *Domine Jesu Christe, Rex gloriæ, libera animas omnium fidelium defunctorum de poenis inferni et de profundo lacu: libera eas de ore leonis, ne absorbeat eas tartarus, ne cadant in obscurum: sed signifer sanctus Michael repræsentet eas in lucem sanctam: Quam olim Abrahae promisisti, et semini ejus. V. Hostias et preces […]. Quam olim Abrahæ…* Herr Jesus Christus, König der Herrlichkeit, bewahre die Seelen aller verstorbenen Gläubigen vor den Qualen der Hölle und vor den Tiefen der Unterwelt. Bewahre sie vor dem Rachen des Löwen, daß die Hölle sie nicht verschlinge, daß sie nicht stürzen in die Finsternis. Sankt Michael, der Bannerträger, geleite sie in das heilige Licht, das Du einstens dem Abraham verheißen und seinen Nachkommen. V. Opfergaben und Gebete […]. | | | Heilig, Heilig … | Lamm Gottes … | *Absolve, Domine …* Erlöse, Herr … *Lux aeterna luceat eis …* Ewiges Licht leuchte ihnen … |

*Sakrale Vokalmusik*

# Das Choralrequiem – Die Sequenz ›Dies Iræ‹  Arbeitsblatt 14

Das ›Dies iræ‹ wird Thomas von Celano (ca. 1190-1260) zugeschrieben und ist eine von fünf Sequenzen, die das Konzil von Trient als liturgischen Gesang gebilligt hat. Seit der Reform der liturgischen Bücher, die das Vaticanum II angeordnet hat, ist die Totensequenz nicht mehr Teil des Requiems.

### Aufgaben

1. Bestimmen Sie die Textform der Sequenz, und interpretieren Sie den Textinhalt.

2. Transkribieren Sie die erste Notenzeile, und erstellen Sie eine melodische Analyse für die drei Melodien.

3. Benennen Sie die gekennzeichneten Neumen. Die Neumentabelle auf Arbeitsblatt 15 kann Ihnen dabei helfen.

4. Hören Sie die Sequenz, und ordnen Sie die drei Melodien den Strophen zu.
   Welches charakteristische Formprinzip ist erkennbar?

**A** DI-es íræ, dí-es ílla, Sólvet saéclum in favílla : Téste Dávid cum Sibýlla.

**C**

**B**

### Dies iræ

| | | | |
|---|---|---|---|
| 1 *Dies iræ, dies illa*<br>*solvet sæclum in favilla:*<br>*Teste David cum Sybilla.* | Tagt der Rache Tag den Sünden<br>wird das Weltall sich entzünden.<br>Wie Sibyll und David künden. | 11 *Juste iudex ultionis,*<br>*donum fac remissionis*<br>*ante diem rationis.* | Richter Du gerechter Rache,<br>Nachsicht üb' in meiner Sache,<br>Eh' ich zum Gericht erwache. |
| 2 *Quantus tremor est futurus,*<br>*quando judex est venturus*<br>*cuncta stricte discussurus.* | Welch ein Graus wird sein und Zagen,<br>wenn der Richter kommt, mit Fragen<br>streng zu prüfen alle Klagen. | 12 *Ingemisco tamquam reus:*<br>*culpa rubet vultus meus:*<br>*Supplicanti parce, Deus.* | Seufzend steh' ich, schuldbefangen,<br>schamrot glühen meine Wangen:<br>Laß' mein Bitten Gnad' erlangen! |
| 3 *Tuba, mirum spargens sonum*<br>*per sepulcra regionum,*<br>*coget omnes ante thronum.* | Laut wird die Posaune klingen,<br>durch der Erde Gräber dringen,<br>alle hin zum Throne zwingen. | 13 *Qui Marium absolvisti,*<br>*et latronem exaudisti,*<br>*mihi quoque spem dedisti.* | Hast vergeben einst Marien,<br>hast dem Schächer dann verziehen,<br>hast auch Hoffnung mir verliehen. |
| 4 *Mors stupebit et natura,*<br>*cum resurget creatura*<br>*judicanti responsura.* | Schauernd sehen Tod und Leben<br>sich die Kreatur erheben,<br>Rechenschaft dem Herrn zu geben. | 14 *Preces meæ non sunt dignæ:*<br>*Sed tu bonus fac benigne,*<br>*ne perenni cremer igne.* | Wenig gilt vor Dir mein Flehen:<br>Doch aus Gnade laß geschehen,<br>daß ich mag der Höll' entgehen. |
| 5 *Liber scriptus proferetur,*<br>*in quo totum continetur,*<br>*unde mundus judicetur.* | Und ein Buch wird aufgeschlagen<br>treu darin ist eingetragen<br>jede Schuld aus Erdentagen. | 15 *Inter oves locum præsta,*<br>*et ab hædis me sequestra,*<br>*statuens in parte dextra.* | Bei den Schafen gib mir Weide,<br>von der Böcke Schar mich scheide,<br>stell mich auf die rechte Seite. |
| 6 *Judex ergo cum sedebit,*<br>*quidquid latet, apparebit:*<br>*Nil inultum remanebit.* | Sitzt der Richter dann zu richten,<br>wird sich das Verborgne lichten:<br>Nichts kann vor der Strafe flüchten. | 16 *Confutatis maledictis,*<br>*flammis acribus addictis:*<br>*voca me cum benedictis.* | Wird die Hölle ohne Schonung<br>den Verdammten zur Belohnung,<br>ruf mich zu der Sel'gen Wohnung. |
| 7 *Quid sum miser tunc dicturus?*<br>*Quem patronum rogaturus,*<br>*cum vix justus sit securus?* | Weh, was werd' ich Armer sagen?<br>welchen Anwalt mir erfragen,<br>Wenn Gerechte selbst verzagen? | 17 *Oro supplex et acclinis,*<br>*cor contritum quasi cinis:*<br>*Gere curam mei finis.* | Schuldgebeugt ich zu Dir schreie,<br>tief zerknirscht in Herzensreue:<br>Sel'ges Ende mir verleihe! |
| 8 *Rex tremendæ majestatis,*<br>*qui salvandos salvas gratis:*<br>*Salva me, fons pietatis.* | König schrecklicher Gewalten,<br>frei ist Deiner Gnade Schalten:<br>Gnadenquell, laß Gnade walten! | 18 *Lacrimosa dies illa,*<br>*Qua resurget ex favilla*<br>*judicandus homo reus.* | Tag der Tränen, Tag der Wehen,<br>da vom Grabe wird erstehen<br>zum Gericht der Mensch voll Sünden. |
| 9 *Recordare, Jesu pie,*<br>*quod sum causa tuæ viæ:*<br>*Ne me perdas illa die.* | Milder Jesus, woll'st erwägen,<br>daß Du kamest meinetwegen:<br>Schleud're mir nicht Fluch entgegen. | 19 *Huic ergo parce, Deus:*<br>*Pie Jesu Domine,*<br>*dona eis requiem. Amen* | Laß ihn, Gott, Erbarmen finden.<br>Milder Jesus, Herrscher Du,<br>schenk' den Toten ew'ge Ruh'. Amen. |
| 10 *Quærens me sedisti lassus,*<br>*redemisti crucem passus:*<br>*Tantus labor non sit cassus.* | Bist mich suchend müd' gegangen,<br>mir zum Heil am Kreuz gehangen:<br>Mög' dies Müh'n zum Ziel gelangen. | | |

*Sakrale Vokalmusik*

# Der Tractus ›De Profundis‹ – Gregorianische Semiologie

**Arbeitsblatt 15**

Die Handschrift zeigt die Notation mit adiastematischen Neumen. Diese Notationsform gibt im Gegensatz zur Quadratnotation - hier im Druckbild der Edititio Vaticana - den Tonhöhenverlauf einer Melodie nur ungenau wieder, läßt aber den agogischen Reichtum des gregorianischen Chorals erkennen.

Die *gregorianische Semiologie* beschäftigt sich mit diesen alten Neumenzeichen und mach sie nutzbar für eine möglichst authentische Interpretation der Gesänge.

**Aufgaben**

1. Schreiben Sie über die ausgewählten Neumen die entsprechenden Normalzeichen, die in der Neumentabelle aufgeführt sind, und lassen Sie sich über die Ausdrucksqualität der Graphien unterrichten.
2. Weisen Sie im ersten Vers des Tractus Strukturmerkmale der Psalmodie nach.
3. Versuchen Sie, den Anfang dieser mäßig melismatischen Melodie zu singen.

Kodex 359 der Stiftbibliothek
St. Gallen, Cantatorium um 920
(pag. 59)

(Aus der Tiefe rufe ich Herr zu Dir: Herr, erhöre meine Stimme. Mögen Deine Ohren ...)

**Neumentabelle**

**Zur Terminologie**
(nach AGUSTONI)

»Unter ›Neume‹ versteht man das graphische Bild für das musikalisch-akustische Geschehen über einer Silbe.«

| Quadratnotation | Name | St. Galler Neumen |
|---|---|---|
| ▪ | Punctum | • ▬ (Tractulus) |
| ◤ | Virga | / |
| ◢ | Pes | ✓ |
| ◢ | Quilisma-Pes | ω |
| ◢. | Pes subbipunctis | ✓.. |
| ▛ | Clivis | ∩ |
| ▜. | Climacus | ∩/.. |
| ♣ | Torculus | ∽ |
| ♫ | Porrectus | ∿ |

**Hinweis**

Es sind zu unterscheiden: Einzeltonneume und Gruppenneumen als Einzelgruppenneume und Mehrgruppenneume

*Sakrale Vokalmusik*

# Johannes Ockeghem: ›Requiem‹ – Introitus, Kyrie

**Arbeitsblatt 16**

JOHANNES OCKEGHEM (ca. 1420-1495) ist einer der frühen franco-flämischen Komponisten und repräsentiert die Generation unmittelbar nach der Stilwende von der Gotik zur Musik der Renaissance.

Sein »Requiem« gilt als die älteste überlieferte polyphone Vertonung der Totenmesse. Mehrstimmig gesetzt sind die Sätze nur bis einschließlich des ›Offertoriums‹, das zugleich auch Ziel einer klanglichen und satztechnischen Entwicklung ist. Im ›cantus gregorianus‹, dem das Werk substantiell verpflichtet ist, werden die restlichen Teile des Messetextes gesungen.

**Aufgaben**

1. Welche Funktion hat die gregorianische Introitus-Melodie für den mehrstimmigen Satz (NB 1)?
2. Benennen Sie die verschiedenen Satztechniken in den Notenbeispielen 1 und 2 sowie im Notenbeispiel des folgenden Arbeitsblattes.
3. NB 3 zeigt die Ambitus ausgewählter Sätze. Eine Transkription und das Ergebnis der Aufgabe 2 lassen eine Aussage zu über die klangliche Entwicklung des Werkes und über den damit intendierten Affekt.

**1. Introitus**

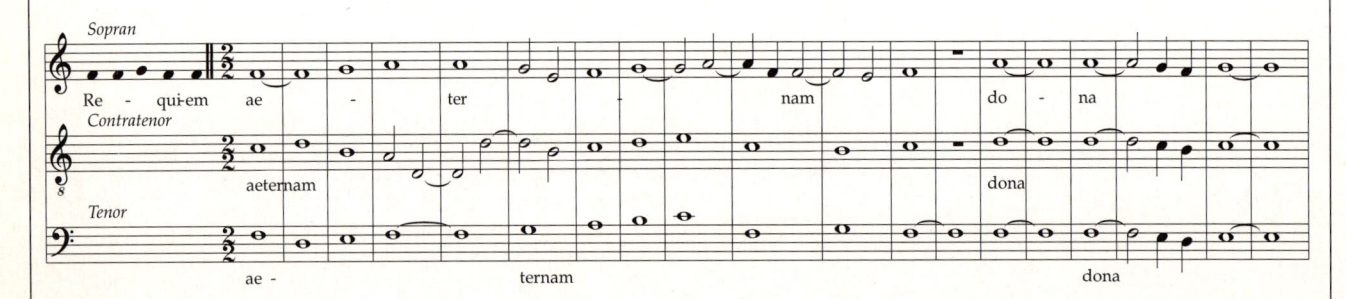

Requiem * aeternam dona eis Domine:

**NB 1**  HB 36

**2. Kyrie II–NB 2**

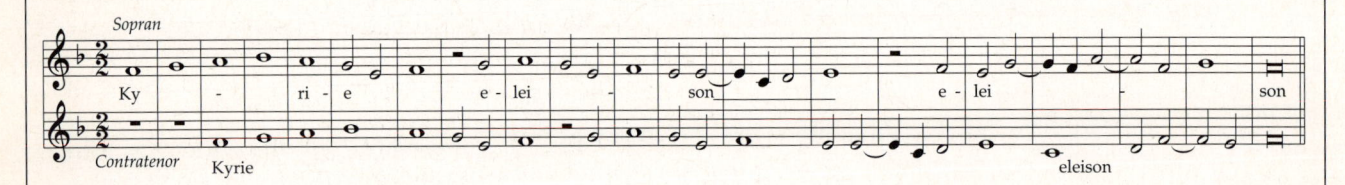

**Satztechnik**

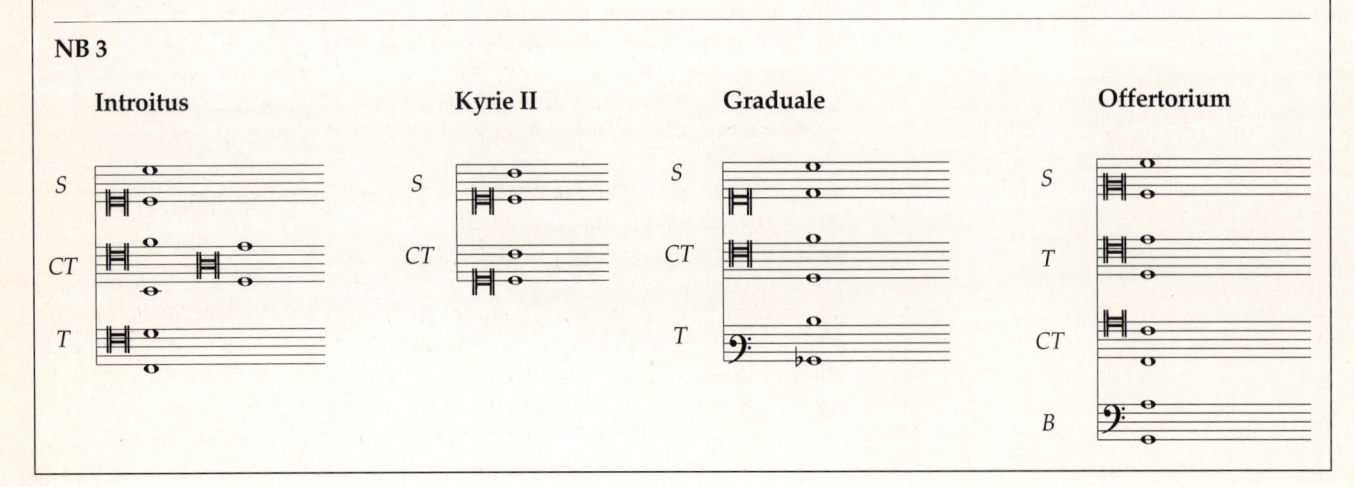

**NB 3**

Introitus — Kyrie II — Graduale — Offertorium

*Sakrale Vokalmusik*

# Offertorium – Musica mensurata

**Arbeitsblatt 17**

Das Faksimile zeigt die *weiße Mensuralnotation*, die von der Mitte des 15. bis zum Ende des 16. Jahrhunderts die gebräuchliche Notenschrift für die mehrstimmige Musik war.

Informationen für die Transkription können Sie der nebenstehenden Tabelle entnehmen. Für die Übertragung wird eine Reduktionsskala 1:2 vorgeschlagen.

Unsere modernen Taktvorzeichen haben sich aus den alten Mensurzeichen entwickelt. Die Symbole C und ₵ sind uns als Taktangaben geläufig, hatten aber früher eine etwas andere Bedeutung.

Das Zeichen C steht für das *Tempus imperfectum* und besagt, daß eine Brevis in zwei Semibreven teilbar ist:

= ◇ ◇.

Für den Tenor gilt ₵, das eine Diminution dieses Tempus anzeigt und praktisch bedeutet, daß die Notengruppen um die Hälfte verkleinert zu lesen sind:

notiert ═ ◇ = ◇ ♪ wirklich.

Neben Einzelnoten treten Notengruppen auf, sogenannte ›Ligaturen‹, für deren Übertragung zu beachten ist:
– Eine Note mit einem Abwärtsstrich zur Linken ist eine Brevis;
– ein Aufwärtsstrich links macht die erste und zweite Note zur Semibrevis;
– alle Mittelnoten sind Breven;

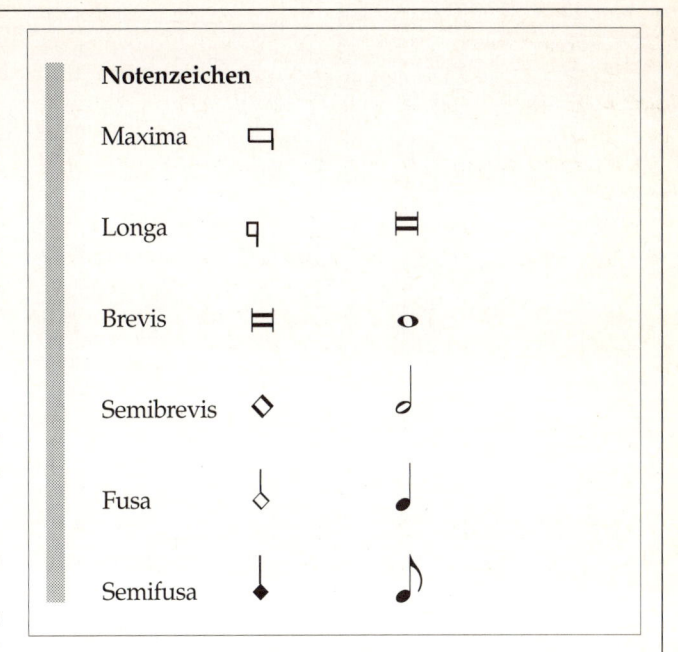

– ein ›punctus additionis‹ hat die gleiche Funktion wie ein Punkt in unserer heutigen Notenschrift;
– der Schlüssel ist der Tenorschlüssel.

**Notenzeichen**

| | | |
|---|---|---|
| Maxima | ⌐┐ | |
| Longa | ┐ | ═ |
| Brevis | ═ | o |
| Semibrevis | ◇ | ♩ |
| Fusa | ◇ | ♪ |
| Semifusa | ♦ | ♫ |

**Superius**

(Herr Jesus Christus, König der Herrlichkeit)

**Tenor**

**Contratenor**

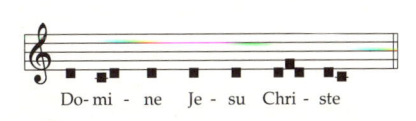

**Baß**

(Biblioteca Vaticana, Roma Chigi Cod. C. VIII, 234)

HB 37

Do - mi - ne Je - su Chri - ste

*Superius* — Rex glo - ri - æ

*Tenor*

*Contratenor* — Rex gloriae

*Bassus* — Rex gloriae

33

*Sakrale Vokalmusik*

# Wolfgang Amadeus Mozart: »Requiem«, KV 626 (1791) – Introitus

Arbeitsblatt 18/1

Das Werk ist ein Fragment geblieben, das der Schüler Mozarts, Franz Xaver Süssmayer, auf Veranlassung der Witwe Konstanze komplettiert hat. Nur der ›Introitus‹ ist im vokalen und instrumentalen Part von Mozart gefertigt.

**Aufgaben**

1. Das kurze Thema der instrumentalen Einleitung (NB 1) ist wenig originell, aber kunstvoll verarbeitet. Erläutern Sie die Satzstruktur dieses Abschnittes, und äußern Sie sich zum Ausdrucksgehalt. Vergleichen Sie das Thema mit NB 2.
2. Für den Psalmvers verwendet Mozart den ›tonus peregrinus‹ (NB 5). Inwiefern unterscheidet sich dieser ›fremde‹ Ton von den übrigen Psalmtönen und wie adaptiert ihn Mozart (NB 4)?
3. Registrieren Sie das Auftreten der Themen für die Satzabschnitte, und achten Sie auf die Satztechnik.

| Teil | I | II | III | IV | V | VI | VII |
|---|---|---|---|---|---|---|---|
| | | T. 8 | T. 15 | T. 20 | T. 26 | T. 33 | T. 43 |
| liturgischer Text | | Requiem æternam dona eis Domine: | et lux perpetua luceat eis | V. Te decet hymnus Deus in Sion, et tibi reddetur votum in Jerusalem: | exaudi orationem meam, ad te omnis caro veniet. | Requiem æternam dona eis Domine: | et lux perpetua luceat eis. |
| | | Ewige Ruhe gib ihnen, Herr: | und ewiges Licht leuchte ihnen. | Dir ziemt ein Lobgesang auf Sion, Gott, Dir bringe man Gaben in Jerusalem: | Erhöre mein Gebet, zu Dir kommt alles Fleisch. | Ewige Ruhe gib ihnen, Herr: | und ewiges Licht leuchte ihnen. |
| motivisch-thematisches Material | | | | | | | |
| Satztechnik | | | | | | | |

NB 1

NB 2

NB 3

NB 4

NB 5

*Sakrale Vokalmusik*

# Wolfgang Amadeus Mozart: »Requiem«, KV 626 (1791) – Kyrie

Arbeitsblatt 18/2

Von MOZARTS Hand sind der Vokalsatz und der bezifferte Baß, Partien, die der Komponist seiner Arbeitsweise gemäß in der Regel zuerst geschrieben hat. Die colla-parte-Instrumentation und Trompeten- mit Paukenstimme zeigen jeweils ein davon abweichendes Schriftbild.

In »Vorlesungen über Musik mit Berücksichtigung der Dilettanten« von 1826 sagt H. G. NÄGELI:

»Diese Fuge ist 52 Takte lang; von diesen 52 Takten stehen 46 im Moll und nur 6 im Dur. Das Thema kommt in fünf verschiedenen Molltonarten zu stehen. Dabey ist die Modulation unerhört. Die Fuge geht aus D-moll. Das Thema kommt durch Versetzung in's C-moll und F-moll zu stehen. Durch eine solche Verletzung der Verwandtschaften der Tonarten und zugleich des Wechselverhältnisses zwischen Dur und Moll, wird diese Fuge zu einem barbarischen Tongewühl.«

4. Untersuchen Sie die beiden Themen auf Ähnlichkeit und Unterschiede hin.
5. Ordnen Sie hörend die Themen den Stimmeinsätzen im Schema zu, und bestimmen Sie die Tonartendisposition im Mittelteil.
6. Erstellen Sie eine harmonische Analyse für den Satzschluß (NB 7).
7. Nehmen Sie Stellung zu NÄGELIS ästhetischer Wertung des Stückes.

NB 6

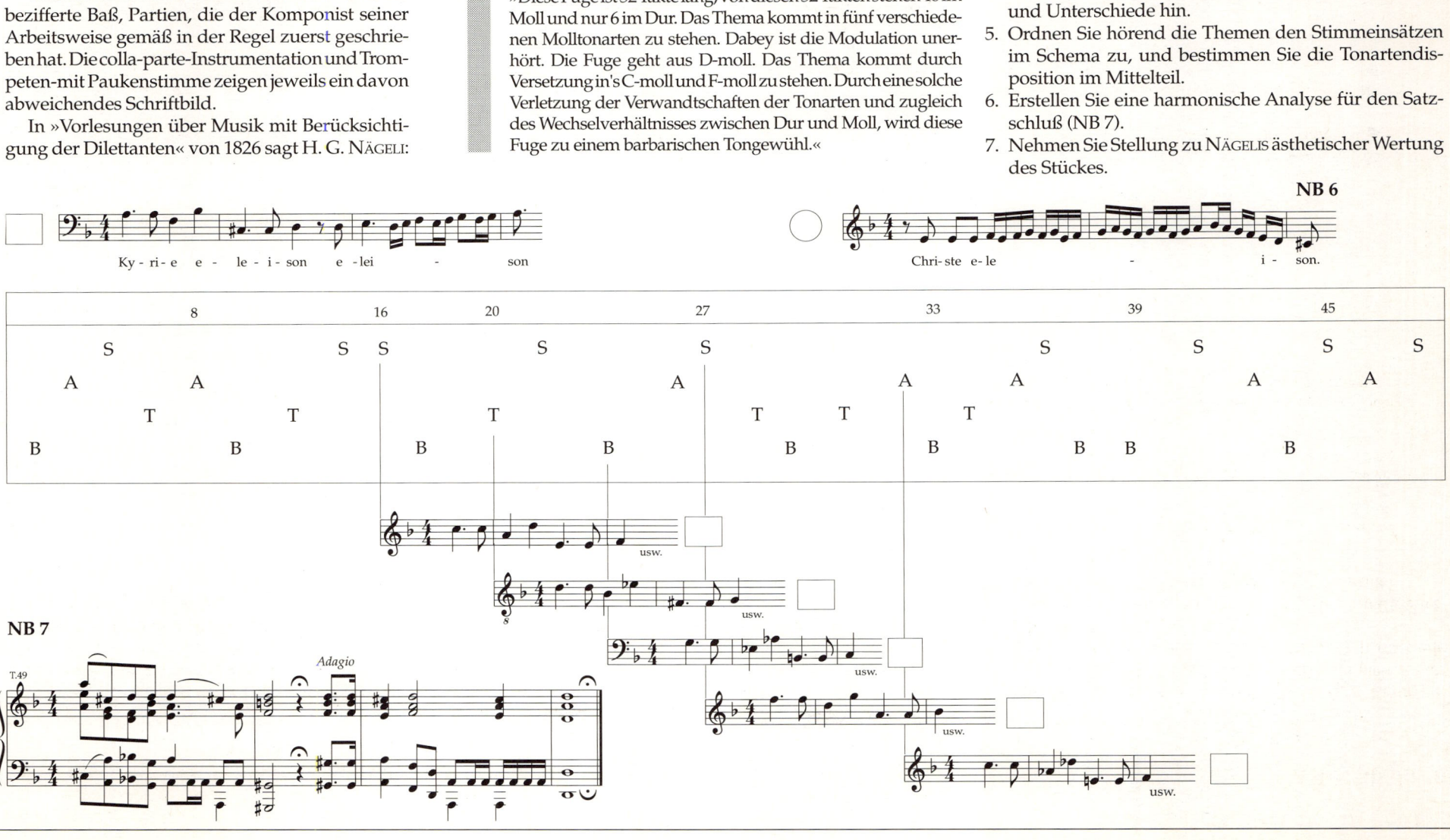

NB 7

*Sakrale Vokalmusik*

# Hector Berlioz: ›Grande Messe des morts‹ (1837)

Arbeitsblatt 19/1

## Das Requiem als ›drame sacré‹

### Dies Iræ – Tuba Mirum

Die Vision des Jüngsten Gerichtes war für BERLIOZ lange Zeit eine zentrale Vorstellung, und so wird es verständlich, daß der Teilsatz ›Tuba mirum‹ ein Schlüssel zum Verständnis des gesamten Werkes ist. Die beiden Notenbeispiele geben die Gerichtsfanfare aus der »Messe solennelle« einem Jugendwerk aus dem Jahr 1824 und aus seinem Requiem wieder.

### Aufgaben

1. Vergleichen Sie die beiden Werkausschnitte hinsichtlich der Instrumentation, der rhythmischen Struktur und der Harmonik.
2. Notieren Sie die rhythmischen Muster der Tuba-mirum-Fanfare, und realisieren Sie diese einzeln und in verschiedenen Kombinationen.
3. Im Requiem ist die Fanfare nicht wie in der Messe eine einmalige Episode, sondern erfährt bei ihrem zweiten Auftritt eine Überhöhung, die Sie beschreiben sollen.
4. Was hat EDUARD HANSLICK wohl zu der Äußerung »Dieser ›Tag des Zornes‹ scheint für BERLIOZ ein Tag wie jeder andere zu sein« veranlaßt?
   Hören Sie den ersten Satz der Sequenz, und achten Sie darauf, wie der Einsatz der Fanfare vorbereitet wird.

**Messe**

**Requiem**                                              HB 38

**Rhythmische Muster**

*Sakrale Vokalmusik*

# Hector Berlioz: ›Grande Messe des Morts‹ (1837)

Arbeitsblatt 19/2

## Rex Tremendæ

Im dritten Satz der Sequenz bricht BERLIOZ nicht nur die stabile Folge des lateinischen Textes auf, er greift auch in seine Aussage ein.

5. Interpretieren Sie die textlichen Veränderungen durch den Komponisten. (Ziehen Sie die Texte auf den Arbeitsblättern 13 und 14 heran.)
6. Mit welchen musikalischen Mitteln werden die Schreckensbilder vom tiefen See (profundo lacu), vom Rachen des Löwen (ore leonis), von Finsternis (obscurum) und Tartarus geschildert? (NB 3)
7. Machen Sie sich mit NB 1 und 2 vertraut, und registrieren Sie beim Hören des Satzes seine Verlaufsform.

**NB 1**                                                                                                  HB 39

[Notenbeispiel: Andante maestoso (♩ = 66), "Rex! Rex! Rex tre-men-dae ma-jes- tre-men-dae ma-jes- usw."]

**NB 2**

[Notenbeispiel: "qui sal-van-dos sal-vas gra-tis ... sal-va me usw."]

(König schrecklicher Gewalten, (der Du gnädig Heil gewährst, sei mir gnädig)

**NB 3**

[Notenbeispiel, Takt 56ff: "Vo-ca me, et de pro-fun-do la-cu! Li-be-ra me, Li-be-ra me de o-o-re le-o-nis, ne ca-dam in obs-cu-rum, Li-be-ra me de o-o-re le-o-nis, Ne ab-sor-be-at me Tar-ta-rus! poco riten."]

Rufe mich! Und von den Tiefen der Unterwelt. Bewahre mich vor dem Rachen des Löwen, daß ich nicht falle in der Finsternis, daß die Hölle mich nicht verschlinge!

**Formverlauf**

| | | | | |
|---|---|---|---|---|
| | | | | |

Sakrale Vokalmusik

# Hector Berlioz: ›Grand Messe des Morts‹ (1837)

Arbeitsblatt 19/3

## Offertorium

BERLIOZ' ursprüngliche Bezeichnung des Satzes ›Choeur des âmes du Purgatoire‹[1] konkretisiert die Idee eines drame sacré.

8. Charakterisieren Sie den Gesang des Chores, und stellen Sie eine Beziehung zu jener Satzüberschrift her. Berücksichtigen Sie auch die Aussage des liturgischen Textes. (Zur Übersetzung vgl. Arbeitsblatt 13.)
9. Ordnen Sie beim Anhören des Satzes Themen und Motiv dem Text zu, und erläutern Sie den inhaltlichen Bezug.
10. Wie erzielt BERLIOZ die textdeutende Schlußwirkung? (NB 4)

[1] Chor der Seelen im Fegfeuer

| Text | Thema/ Motiv |
|---|---|
| Domine Jesu Christe, Rex gloriæ | |
| libera animas omnium fidelium defunctorum | |
| de pœnis! | |
| Domine, libera eas | |
| de pœnis inferni et de profundo lacu! | |
| Libera eas de ore leonis, | |
| ne absorbeat eas Tartarus, | |
| ne cadant in obscurum; | |
| et sanctus Michael, signifer | |
| repræsentat eas in lucem sanctam. | |
| Quam olim Abrahæ et semini ejus promisisti, | |
| Domine Jesu Christe. Amen. | |

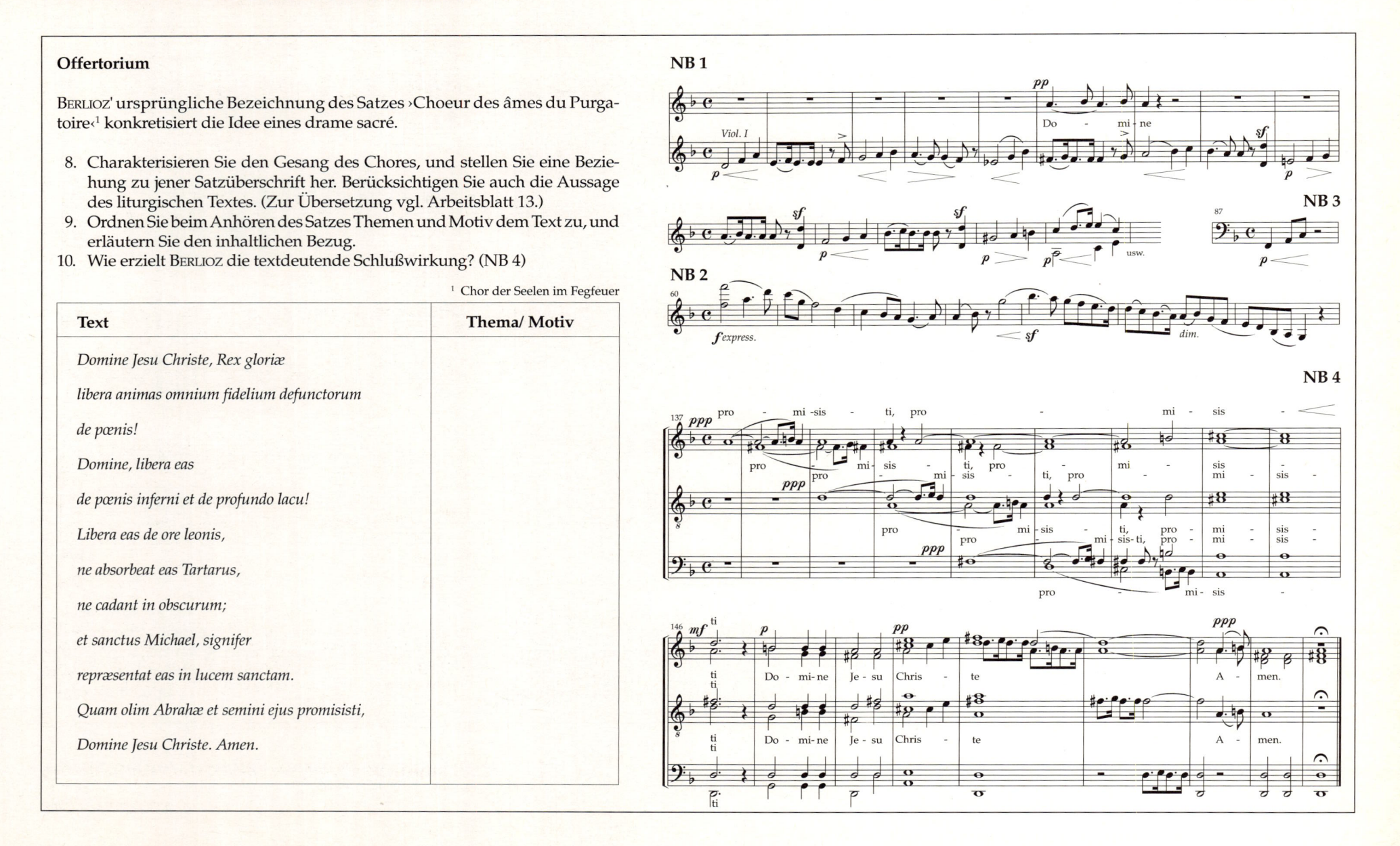

*Sakrale Vokalmusik*

# György Ligeti: »Requiem« (1964) – Introitus

**Arbeitsblatt 20/1**

Das »Requiem«, ein Hauptwerk LIGETIS, ist eine Vertonung von Introitus und Kyrie sowie der Sequenz. Es vermittelt avantgardistische Klangtechniken und tradierte Kompositionsprinzipien.

**Aufgaben**

1. Der kompakte 4-12-stimmige Vokalsatz stellt die Textverständlichkeit kaum in Frage. Verfolgen Sie den Satz anhand des Schemas, das die Tonhöhenentwicklung wiedergibt, und halten Sie stichwortartig den Textverlauf fest. Vermerken Sie auch die ›Orchesterzwischenspiele‹. (Zum Text vgl. Arbeitsblatt 18/1.)

2. Die dichte polyphone Bewegung entfaltet sich innerhalb von Clustern, eine Struktur, die mit ›Mikropolyphonie‹ bezeichnet wird. Welche Satzregeln sind für diese Kontrapunktik aus NB 2 und 3 ableitbar?

3. Überlegen Sie, welche ›Requiemassoziation‹ die Tonhöhenentwicklung innerhalb des Satzes auslösen kann.

© 1965 by Henry Litolff's Verlag – Abdruck mit freundlicher Genehmigung von C. F. Peters, Frankfurt/M.

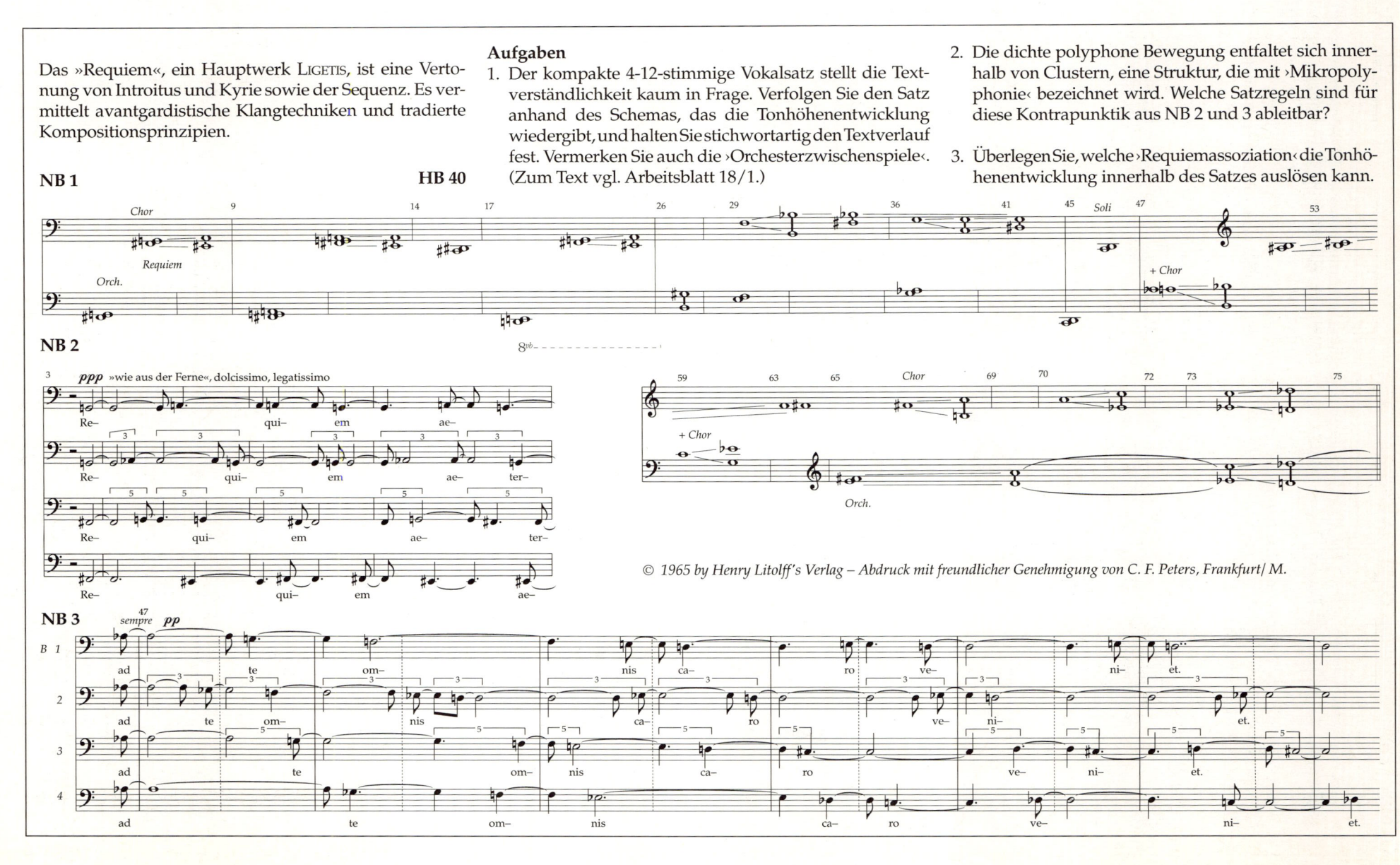

*Sakrale Vokalmusik*

# György Ligeti: ›Requiem‹ (1964) – Kyrie

Arbeitsblatt 20/2

Im Kyrie wird das mikropolyphone Netzwerk von einer makropolyphonen Struktur überlagert.

4. Analysieren Sie die Themen und ihre Verarbeitung in den Notenbeispielen 4 und 6. Beziehen Sie das Kyrie-Thema (NB 5) mit ein. Anhand dieser Ergebnisse und mit Hilfe des Formschemas (NB 7) können Sie die Satzstruktur erläutern und den Begriff ›Makropolyphonie‹ inhaltlich füllen. Ein Vergleich mit Mozarts Kyrie-Satz liegt nahe.

5. Achten Sie beim Anhören des Satzes auf die Funktion des Orchesters.

*Sakrale Vokalmusik*

# Lösungen – Hinweise

**Zu Arbeitsblatt 13** (s. Aufgaben S. 29)

1. Die *Reform* legte als liturgische *Propriumtexte* fest: Requiem, Requiem, Absolve, Dies iræ, Domine, Lux æterna.

2. Als jubelnder Lobgesang entspricht das ›Gloria‹ nicht der Grundstimmung des Requiem, das ›Credo‹ ist Fest- und Sonntagsgottesdiensten vorbehalten.

**Zu Arbeitsblatt 14** (s. Aufgaben S. 30)

Es ist nicht geklärt, ob Thomas von Celano, Mitbruder und Biograph des Franz von Assisi, oder ein unbekannter Minderbruder der Dichter der *Sequenz* war. In ihrer Bildlichkeit ist sie inspiriert von dem Propheten Zefania (1,14-16), der mit dem reformwilligen König Joschija (641-609) gegen religiösen und sozialen Verfall antrat und dessen Gerichtsrede in jenen Versen vom Tag des Herrn gipfelte.

Die Vorstellung des Untergangs der Welt in Feuer ist ferner zu finden in ›Psalm 97‹, im ›2. Petrusbrief‹, in ›De civitate Dei‹ von Aurelius Augustinus, und nicht zuletzt wurde den *Sibyllen* eine entsprechende Prophezeihung in den Mund gelegt.

1. Die dreizeiligen Strophen haben die Reimfolge des ›Haufenreims‹. Die gleichlangen, vierhebigen Zeilen in trochäischer Taktart assoziieren eine Folge unerbittlicher Schläge. Im Gegensatz zu Licht, Friede und Hoffnung als Grundgedanken des Proprium der Totenmesse, malen die Strophen 1-6 schreckliche Endzeitvisionen, während in den Strophen 7-17 das ›epische Ich‹ seine Situation reflektiert. Späterer Zusatz sind die zusammenfassende Strophe 18 und Strophe 19 mit der persönlichen Hinwendung des von Angst und Schrecken betroffenen Ich zum Erlöser.

2. Die *Melodien* sind der Textvorgabe gemäß dreiphrasig. Der Ambitus der ersten Melodie in tiefer Stimmlage ist eine Septim, der der zweiten in hoher Lage weitet sich zur Oktav, die dritte Melodie nimmt eine vermittelnde Position ein.

4. Doppelversikel prägen die *Form*; die beiden letzten Strophen haben paarenden Reim oder katalektischen Versschluß, ihre melodischen Phrasen korrespondieren.

**Zu Arbeitsblatt 15** (s. Aufgaben S. 31)

Seit dem 13./ 14. Jahrhundert werden die gregorianischen Melodien in der römischen Quadratnotenschrift aufgezeichnet, nach der sich für die Gesangspraxis der äqualistische Vortrag ergab, bei dem jede Note die gleiche Dauer erhält. In Handschriften mit diastematischer Notation des 11.-13. Jahrhunderts werden die Zeichen in einer die Melodie nachzeichnenden Höhenrelation oder in ein Liniensystem geschrieben. Die Voraussetzung für den Gesang nach adiastematischen Neumen war die Vertrautheit der Sänger mit den Melodien. Die *gregorianische Semiologie* ist ein Zweig der Choralwissenschaft und stellt einen speziellen Bereich der Paläographie dar. Begründet wurde sie 1954 von Dom Eugène Cardine, ihre Vertreter sind Luigi Agustoni, Johann B. Göschl und der Münsterschwarzacher Godehard Joppich.

1. Um ihre Ausdrucksqualität zu differenzieren, agogische, melodische oder artikulatorische Sachverhalte deutlich zu machen, werden die *Normalzeichen* durch Ergänzungen oder durch eine variative Graphie präzisiert.

[1] **Torculus** ( ∫ )

Die Neume ist in augmentativer Liqueszenzform notiert. Die Liqueszenz (verflüssigen) ist ein phonetisches Phänomen und entspricht einer artikulatorischen Besonderheit in romanischen Sprachen – der Verschmelzung gewisser Lautverbindungen, hier der Konsonanten ›nd‹. Die Graphie macht auf eine ›geschmeidige Gestaltung‹ beim Silbenwechsel aufmerksam.

[4] ›x‹

Das 'x' (exspectare = warten) ist ein Zusatzbuchstabe und hat eine Text und Melodie gliedernde Funktion.

[9]

Die Quadratnotation weist eine Clivis aus, die Handschrift einen Torculus.
Die veränderte Graphie und das › τ ‹ (tenere = halten) bezeichnen eine Dehnung der zweiten und dritten Note. Der daraus resultierende Stau des melodischen Flusses hebt ›tuæ‹ sinngerecht hervor. Die erste Note ist leicht zu singen und wurde oft so rasch gesungen, daß ihre Notation unterblieb.

[2] **Pes subbipunctis** ( ∴ )

Die der Grundneume vorangestellte Virga trägt einen Dehnungsstrich, Episem.

[5]

Der Schriftzug verlangt eine Dehnung der dritten und vierten Note.

[7]

Ein einfacher Pes in diminutiver Liqueszenzform, der Diphtong ist als Doppellaut zu artikulieren.

[3] **Clivis** ( ∩ )

Die die Mehrgruppenneume abschließende Clivis ist mit einem Episem versehen, das ›c‹ (celeriter = schnell) über der vorausgehenden Clivis bedeutet ein leichteres Singen, das Episem hebt die Vervielfachung des mittleren Tones der Abwärtsbewegung hervor.

[6]

Diese diminutive Liqueszenzneume in der Form einer oben eingerollten Virga ist abzuleiten von einer Clivis. Das ϒ = s (sursum = hoch) erinnert daran, daß die Melodie nur geringfügig fällt.

[8]

Episemiert sind Clivis, Quilisma-Pes subbipunctis und Torculus.

*Sakrale Vokalmusik*

# Lösungen – Hinweise

2. »Initial-, Binnen- und Finalmelismen« (HODES) heben die Satzeinschnitte hervor und machen die psalmodische Struktur erkennbar.

### Zu Arbeitsblatt 16 (s. Aufgaben S. 32)

1. Im Gegensatz zur Messkomposition kann das *mehrstimmige Requiem* substantiell nur auf eine gregorianische Melodievorlage zurückgreifen. Nach der Choralintonation hält der Superius mensuriert zunächst noch an der gregorianischen Melodie fest.

2. Der *satztechnische Aspekt* läßt eine finale Tendenz erkennen. Nicht nur daß Vierstimmigkeit erst über geringstimmigere Ensembles erreicht wird, auch die Kompositionstechniken reichen vom nur wenig aufgelockerten schlichten Satz Note gegen Note im Introitus, der bald in eine Fauxbourdon-Partie mündet, über einen einfachen zweistimmigen Kanon zum kunstvoll ausgearbeiteten, klangvollen Satz des Offertoriums.

3. OCKEGHEMS »Requiem« ist solange die älteste Vertonung der Totenmesse, als die Musikwissenschaft jenes Werk noch nicht wiederentdeckt hat, das GUILLAUME DUFAY »Missam meam de Requiem« nannte. Eine Etikettierung OCKEGHEMS als ›a pure cerebralist‹ (CECIL GRAY), als eines Komponisten, bei dem Rationales im Vordergrund steht, ist auch mit dem Hinweis auf Werke wie seine »Missa cujusvis toni« oder die »Missa prolationum« kaum begründbar. Daß das Expressive in seiner Musik nicht zurücktritt, zeigt die Disposition des Chorklanges als stetes Absinken in immer tiefere Stimmregister. Am Notenbild wird das an der fortlaufend tieferen Schlüsselung erkennbar, die auch die weniger gebräuchlichen Mezzosopran- und Baritonschlüssel - diesen als C- und F-Schlüssel - verwendet. Ruhe und Frieden, Grundmotive des liturgischen Requiemtextes, finden so eine klangliche Entsprechung.

### Zu Arbeitsblatt 17 (s. Aufgaben S. 33)

Für die Ablösung der schwarzen *Mensuralnotation* durch die weiße waren schreibtechnische Gründe verantwortlich. Das immer häufiger verwendete Papier war für eine Scwärzung der Noten weniger geeignet als das alte Pergament.

›Mensural‹ bezieht sich auf den mittelalterlichen musiktheoretischen Begriff ›musica mensurata‹, der die in ihren Zeitwerten gemessene mehrstimige Musik jener Epoche meint, und die als ›cantus mensuralis‹ damit vom ›cantus planus‹, dem gregorianischen Gesang, terminologisch abgehoben wird. Im Gegensatz zur modernen Notation ist in der Mensuralnotation der Wert einer Note an ihrem Erscheinungsbild nicht ablesbar.

So kann eine *Brevis* vier bis neun *Semibreven* wert sein. Die Mensuralzeichen geben Auskunft über die Messung der Notenwerte. Sie stehen für das tempus ›O‹ und ›C‹ und geben den ›integer valor notarum‹ an. Während unsere Notation auf der Zweiteilung der Werte basiert, galt in der Mensuralnotation die dreizeitige Messung als perfect, die imperfecte zweiteilige als nachgeordnet. Dieser Sachverhalt hatte im Trinitätsbezug seinen Grund und fand im Kreis symbolisch seinen Ausdruck. Auch war der Mensuralmusik die uns geläufige mannigfache Differenzierung des Tempos fremd. Sie durchpulste eine eher unveränderliche Bewegung, deren Maß der tactus war – vergleichbar mit einem mäßig schnellen Auf- und Abschlag der Hand. In der Regel galt: tactus = Semibrevis.

*Tempoveränderungen* dem integer valor gegenüber regelten nach genauen Zahlenverhältnissen die *Proportionen*, die überwiegend eine Diminution der Werte anzeigten. Das Taktzeichen des Tenor ₵ ist ein solches diminutives Proportionszeichen und besagt, daß im ›tempus imperfectum‹ auf einen tactus nicht eine, sondern zwei Semibreven fallen, der tactus also mit einer Brevis identisch ist. An der alten Bezeichnung dieser Proportion als ›alla breve‹ wird deutlich, daß das noch heute gebräuchliche entsprechende Taktzeichen ein Relikt der Mensuralnotation ist.

Der Contratenor singt im tempus perfectum, nach dem integer valor. Das Symbol ›O2‹ für Superius und Bassus bezeichnet das tempus perfectum in der ›proportio dupla‹, d. h. die Bewegung wird verdoppelt. Der Notation im ›modus minor [= Mensur der Longa] perfectus cum tempore imperfecto‹ entspricht ein Gesang in halbierten Notenwerten. Die Frage, warum OCKEGHEM diese Stimmen nicht einfach im integer valor notiert hat, ist zu beantworten mit einem für die Zeit typischen Hang zu ›musikalischer Gelehrtheit‹:

Transkription des Tenor:

### Zu den Arbeitsblättern 18 (s. Aufgaben S. 34f.)

Schon der Titel einer Studie von FRIEDRICH BLUME »Requiem und kein Ende« (Syntagma Musicologicum, 1963) weist darauf hin, daß wesentliche Fragen, die Komplettierung des Werkes betreffend, ungelöst bleiben werden. Die Behauptung FRANZ XAVER SÜSSMAYRS in seinem Brief vom 8. 2. 1800 an Breitkopf & Härtel »Das Sanctus, Benedictus und Agnus ist ganz neu von mir verfertigt« wurde von Anfang an bezweifelt, und die Annahme ist begründet, »daß es dennoch auch zu diesen von Mozart nicht mehr (oder nicht zu Ende) komponierten Sätzen authentische Skizzen von Mozart gibt«. WOLFGANG PLATH, von dem dieses Zitat stammt, hat 1962 ein Skizzenblatt gefunden, das mühelos zum ›Rex tremendæ‹ gehörig identifizierbar ist, und das offenbar eines von jenen ›Zettelchen‹ war, die die Witwe KONSTANZE mit der Bitte, das Werk zu vervollständigen, SÜSSMAYR übergab. Offensichtlich hatte der Adlatus MOZARTS auch nicht die kompositorische Qualifikation, derart artifizielle Sätze zu schreiben, und seine Tätigkeit scheint sich zu reduzieren auf das, »was jeder hätte machen können« (KONSTANZE). BLUME folgert aus stilistischen Überlegungen heraus, daß das »Requiem« substantiell ein Werk MOZARTS sein muß:

> »Solange nicht bewiesen wird, wer die fraglichen Teile komponiert hat oder haben kann [...] spricht die stilistische und qualitative Evidenz dafür, daß bis auf geringere Ergänzungen und bis auf die Instrumentation das ›Requiem‹ von Mozart komponiert worden ist.«

*Sakrale Vokalmusik*

# Lösungen – Hinweise

Die mannigfachen »Gedankenlosigkeiten und Grobheiten«, die FRIEDRICH BLUME an der Instrumentierung SÜSSMAYRS feststellte, und eine analytische Untersuchung (1959) von ERNST HESS, die einerseits Mängel dieser Ergänzung aufzeigte, andererseits auch Korrekturvorschläge machte, waren für FRANZ BEYER 1971 der Ausgangspunkt zu einer »neuen instrumentalen Einkleidung«. Diese Neuinstrumentierung setzt sich bei Aufführungen heute zunehmend gegen die Fassung SÜSSMAYRS durch. Eine neue Edition des »Requiem« legte 1988 RICHARD MAUNDER vor.

1. Das Autograph des *Introitus* weist, wie an der unterschiedlichen Färbung der Tinte ersichtlich, zwei zeitversetzte Arbeitsgänge aus, »überall sind jedoch die Charakteristika der MOZARTschen Hand zu erkennen« (BEYER).
Ein Vergleich mit dem Beginn des Introitus eines Requiem-Fragmentes des nordböhmischen Komponisten FLORIAN LEOPOLD GASSMANN (1729-1774) zeigt, daß individuelle Verarbeitung und nicht bloße Substanzgemeinschaft ästhetisch relevant ist.
Die Stimmen setzen in unregelmäßigen Abständen ein und jeweils auf leichter Schlagzeit, woraus sich gleich für den ersten Ton eine Vorhaltsbildung ergibt. Wenig organisch aber ausdrucksstark - nicht zuletzt durch den Einsatz der Posaunen - ist die Rückführung zum Tonikaeinsatz des Chores. Kontrapunktischer Satz und bogenartige Tonhöhenentwicklung vermitteln zusammen mit dem dunklen Klang der Bassetthörner den Eindruck einer sich steigernden und wieder resignierend zurücksinkenden Trauer.

2. Der *tonus peregrinus* unterscheidet sich von den übrigen acht Psalmtönen durch einen wechselnden Rezitationston sowie durch sein einsilbiges Initium. MOZART modifiziert das Modell insofern, als er den ›Pes‹ zur Terz weitet und syllabisch textiert, das Initium damit zweisilbig wird. Während im Melodieschema Mediatio und Finalis einen Akzent haben, läßt MOZART die Kadenzen bereits auf dem vorletzten Satzakzent beginnen. Melodisch bleibt die Mittelkadenz intakt, die Finalis variiert den Psalmton.

3. Nach unregelmäßigen imitatorischen Einsätzen in der Einleitung (I) folgt einer regelmäßigen Engführung des *Requiemthemas* durch den Chor (II) ein akkordischer Satz mit Imitationen der Bläser (III). Der *Solovers* wird von Thema 2, einer diminuierten Umkehrung des Requiemthemas, in rectus und inversus-Gestalt kontrapunktiert (IV), während zum *Chorvers* rhythmisch komplementär das Ostinatomotiv 3 tritt (V). Bei der Wiederholung der Antiphon wird durch Themenkombination (VI) und dialogisierende Chorgruppen mit melodischer Reminiszenz des Psalmtones (VII) eine Steigerung erzielt.

4. Das *Kyriethema* entbehrt ebenfalls der Originalität der Erfindung, der Hinweis auf HÄNDELS »Messias« ist zu bekannt. MOZART war aber auch beeindruckt von MICHAEL HAYDNS »Requiem«, dessen Einfluß sich im einzelnen an der Verwandtschaft seines ›Cum sanctis‹-Themas mit jenem Thema zeigt. Bezüge zwischen MOZARTS Fugenthemen manifestieren sich einmal im verminderten Septsprung, einem saltus duriusculus, der am Schluß des Christe-Themas stufenweise ausgefüllt zum passus duriusculus wird. Der gradatio im ersten Thema fügt sich zunächst das zweite, ändert aber mit dem passus die Bewegungsrichtung.

5. Die *Tonartendisposition* ist stark subdominantisch orientiert, der Adagio-Schluß erfüllt als homophoner Abschnitt in einer polyphonen Komposition die Merkmale des Noëma. MOZARTS Tonsprache gibt sich stark der Tradition verpflichtet, ist aber gleichzeitig von so individueller Prägung, daß eine Kritik, die Regelhaftigkeit allein zur ästhetischen Norm erhebt, zu kurz greifen muß. Themen- und Textkombination der Doppelfuge sind vorgebildet in der Osanna-Fuge der Missa c-Moll (KV 427) sowie in dem Schlußchor des Oratoriums »Joseph« von HÄNDEL und finden im Kyrie des »Requiem« von LIGETI eine Parallele.

## Zu den Arbeitsblättern 19 (s. Aufgaben S. 36ff.)

Nicht nur für Sinfonie und Oper, Gattungen, die BERLIOZ' Ruhm als Komponist begründet haben, ist das Dramatische eine zentrale Kategorie, auch seine geistlichen Werke sind der Theorie eines ›drame sacré‹ verpflichtet. JEAN FRANÇOIS LE SUEUR, Lehrer des Komponisten, hat diesen Begriff für eine Messkomposition geprägt, die sich an den Prinzipien einer ›musique une, imitative et particulière à chaque solemnité‹[1] orientiert. Die Kirchenmusik hat den Charakter des jeweiligen Festes durch einen dramatisch-deskriptiven Gestus wiederzugeben. Sie öffnet sich hier dem Einfluß französischer Opernästhetik. Das Requiem - geschrieben für die Gefallenen der Revolution von 1830 - gehört zu jenen großen Auftragswerken des 19. Jahrhunderts, in denen sich ›Lob Gottes und das des Herrschers‹ verbanden.

1. Von der Messe solennelle existiert nur noch das ›Resurrexit‹ mit der Fanfare zum ›Et iterum‹, von BERLIOZ als »Annonce du jugement dernier«[2] bezeichnet. Ein *Vergleich* der Werkausschnitte zeigt, daß im Requiem der Messe gegenüber der *instrumentale Rahmen* nicht nur erweitert, sondern auch die Raumdisposition miteinbezogen wird. Nach sechs strukturell identischen Takten entfaltet die Requiem-Fanfare geradezu rhythmische Polyphonie, die Harmonik ist durch Chromatik angereichert, zu Tonrepetitionen treten Quartrufe und Dreiklangsbrechungen. Die beiden Partien verhalten sich wie Entwurf und »effektvollere Neufassung« (SCHACHER).

---

[1] une (unité) – einheitlich, zyklisch
imitative (imitation) – nachahmend, malend, Gefühle erregend
particulière (particularité) – dem Charakter und Geist des Festes entsprechend

[2] Ankündigung des Jüngsten Gerichts

*Sakrale Vokalmusik*

# Lösungen – Hinweise

3. Die Wiederholung der *Fanfare* gliedert das ›Tuba mirum‹ in zwei Großabschnitte von je drei Teilen. Die Überhöhung resultiert aus der Kombination mit dem Chorbaß und dem abschließenden Einsatz des Tam-Tam, das nicht koloristische Funktion hat, sondern als Klangsymbol verwendet wird, zu dessen Semantik Berlioz in »Traité d'instrumentation et d'orchestration modernes« äußert: ›Wo das Grauen seinen Höhepunkt erreicht.‹

4. Der erste Teilsatz des ›Dies Iræ‹ führt von einer unisono-Exposition des Themas und einem verhaltenen Choreinsatz in drei Steigerungswellen, die jeweils von einem triolischen, chromatischen Gang begrenzt werden, auf die Fanfare hin. Insgesamt realisiert der Satz die »Idee eines Dramas vom Jüngsten Gericht« (Schacher), geistliche Musik wird zu dramatischer Musik.

5. Bemerkenswerter als das Aufbrechen des Textzusammenhanges (Strophen 8, 9 und 16) ist die von den Worten ›illa die‹ evozierte Übernahme einer Textpassage aus dem Offertorium und ihre grammatikalische Umbildung in die erste Person Singular. Das Bittgebet der Kirche für das Seelenheil der Verstorbenen im Offertorium wird damit zum Angstschrei des isolierten Individuums. Die Gemeinschaft der Heiligen wird negiert, an die Stelle des ›cum benedictis‹ der Sequenz tritt eine Generalpause. Daß das Unvorhergesehene ein wesentliches Merkmal seiner Musik ist, sagt Berlioz in seinen Memoiren:

   »Les qualités dominantes de ma musique sont l'expression passionnée […] et l'imprévu.«[1]

   Für den mit dem liturgischen Text vertrauten Hörer, den Berlioz voraussetzt, kommen Abbruch und Einschub unerwartet.

6. Mittel zur Darstellung der *Schreckensbilder* sind plötzliche Reduktion des Klanges wie seine allmähliche Zunahme und der gezielte Einsatz tiefer Klangregister.

7. Nach dieser Vision setzt eine Reprise ein, die die Abfolge der Abschnitte umkehrt.

8. Im Zusammenhang mit dem ›imprévu‹ steht das Disparate. Der zu den monumentalen Sätzen ›Dies Iræ‹ und ›Rex tremendæ‹ kontrastierende Satz Nr. 3 ist ein Beispiel für das Disparate im Sukzessiven.
   Robert Schumann, kaum ein Verfechter der Berliozschen Ästhetik, war »ganz elektrisiert von dem Offertorium« und sagte: »Dieses Offertorium geht über alles.« Die »Darsteller einer imaginären Szene« flehen hier selbst um ihr Heil. Der Gesang nimmt durch die ostinate Wiederkehr des monotonen Motivs litaneihafte Züge an, der syntaktische Zusammenhang wird durch die unregelmäßigen Abstände gestört. (Zum Textgehalt vgl. 5.)

9. Das kurzphrasige *Thema* assoziiert das Schreiten eines Zuges, das *Fugato* vermittelt den Eindruck des Tristen und Spröden. »De pœnis« kommentiert das Orchester mit einem *Kontrastthema 2*, dessen fallende Bewegungsrichtung den Sturz in das Inferno ebenso abbildet, wie das *Motiv 3* ein finsteres Grollen als Antwort auf die Phrasen der nämlichen Textstelle darstellt. *Thema 2* vermeidet durch den metrisch vorgezogenen Nachsatz die von Berlioz verabscheute Quadratur.

10. Nach vier a capella-Takten vermitteln ein absteigender D-Dur Dreiklang und der Kopf des Fugatothemas in Dur eine ›verheißungsvolle‹ Aufhellung.

**Zu den Arbeitsblättern 20** (s. Aufgaben S. 39f.)

Es ist kaum zu übersehen, daß im Vergleich zu früheren Epochen der Musikgeschichte, von denen jede bemerkenswerte Vertonungen der Totenmesse vorzuweisen hat, im 20. Jahrhundert die Gattung ›Requiem‹ durchaus herausragende Werke - oft sind es Hauptwerke der Komponisten - gegenüber der Messkomposition eine Aufwertung erfährt, gleichzeitig aber auch einem Prozeß der Säkularisierung ausgesetzt ist.

Die Werke verwenden den liturgischen Text, meiden aber mit ihrer Faktur die liturgische Nähe, repräsentieren in ihrer Monumentalität den großen Stil und sind für das Konzert bestimmt.

Benjamin Britten schrieb sein »War Requiem« zur Einweihung der Kathetrale von Coventry, die Sätze des »Polnischen Requiem« von Krzysztof Penderecki haben Bezug zu aktuellen zeitgenössischen Ereignissen der polnischen Geschichte. Aribert Reimanns »Requiem« (1983) wurde geschrieben zum 100. Geburtstag der Kieler Woche. Penderecki nimmt im Finale ein polnisches Kirchenlied und Zitate aus dem Alten Testament auf, Britten verknüpft subjektive Kriegsgedichte von Wilfred Owen mit den kollektiven Aussagen des Requiem-Textes, und Reimann stellt dem vom Chor gesungen lateinischen Text mehrsprachig solistisch vorgetragene Stellen aus dem Buch Hiob gegenüber.

1. Ligeti läßt den tradierten *Text* und seine objektive Sphäre intakt, sein »Requiem« ist nach eigener Aussage keine engagierte Musik, was aber nicht bedeuten kann, »daß sie keine Aussage für den Menschen unserer Zeit enthält« (Salmenhaara). Zwei Klangbereiche kontrastieren im ›Introitus‹, die *Orchesterbegleitung* mit ihren langen Liegetönen und der *Vokalpart*, dessen Stimmen so dicht gefügt sind, daß ihre Bewegung für den Hörer aufgehoben zu sein scheint. Der Text wird vom Chor in ›Strophen‹ vorgetragen, die durch ›Orchesterzwischenspiele‹ getrennt sind. Zwei Solobässe aus dem Chor heben sich in tiefster Lage davon ab.

2. Die Stimmen bewegen sich ausschließlich in großen und kleinen Sekunden, größere Intervalle, die Spannung oder Kontrast hervorrufen könnten, sind ausgespart. Auf- und Abwärtsbewegung sind am Satzbeginn (NB 1) völlig ausgewogen. Um den Ambitus eines

---

[1] »Die dominierenden Qualitäten meiner Musik sind Leidenschaftlichkeit im Ausdruck […] und das Unerwartete«

*Sakrale Vokalmusik*

# Lösungen – Hinweise

Clusters zu erweitern, sind bis zu fünf gleichgerichtete Sekundschritte möglich, wie NB 3, eine Partie aus der zweiten Hälfte des Satzes, zeigt. Tonrepetitionen werden im chorischen Part vermieden, sie sind jedoch für die Solobässe charakteristisch. Der Takt wird durch Überbindung und asymmetrische Bildungen zum bloßen Gehäuse.

3. Der *Satz* weist eine kontinuierliche Bewegung aus dem tiefen Register zum hohen auf. Diesem Steigen des Klanges insgesamt steht eine zunehmende Tendenz nach unten bei der Entfaltung der einzelnen Cluster gegenüber (vgl. T. 29, 36, 47). Unüberhörbar ist die sinngerechte Aufwärtsentwicklung des Sopran 1 ab Takt 70 über den Worten ›luceat eis‹. Damit ergibt sich von der Organisation des musikalischen Materials her für die inhaltliche *assoziative Ebene* ein Streben aus der Finsternis und Todesangst in das Licht ewiger Ruhe.

4. Erinnert die Ausgewogenheit der Stimmführung im ›Introitus‹ an die Melodik der Gregorianik oder PALESTRINAS, so greift LIGETI im ›Kyrie‹ auf Kanon und Fuge zurück, aber nicht, um diese alten Techniken einfach zu kopieren.
   Einen Kanon im Einklang bilden durch rhythmische Verschiebung die jeweils vier Stimmen einer Stimmlage. Der Stufenmelodik des *Kyrie-Themas* stehen zunehmend sich weitende dramatische Sprünge im *Christe-Thema* gegenüber: Während das erste ein Bewegungsmaximum ( vgl. NB 4 und 7) ausprägt und sich wieder zurückentwickelt, eine Anlage, die mit der Dynamik korrespondiert, hält das zweite Thema am Bewegungsmuster fest, während sich die Dynamik an der Diastematik orientiert.
   Die Kyrie-Kanons bleiben gleich, lediglich das Thema wechselt zwischen rectus- und inversus-Gestalt (der Unterschied bleibt in NB 7 unberücksichtigt), die Christe-Kanons präsentieren sich in immer neuen melodischen Gestalten.
   Die *makropolyphone Struktur* ist die einer fünfstimmigen Doppelfuge, deren Themenauftritte in ständiger Kombination die vierstimmigen Kanons bilden. Das Resultat ist ein zwanzigstimmiges mikropolyphones Gewebe. Die Parallele zur Faktur der MOZARTschen Kyrie-Fuge ist kaum zu übersehen.

5. Hatte im ›Introitus‹ das *Orchester* stützende und gliedernde Funktion, so wird im ›Kyrie‹ der polyphone Strom nie unterbrochen.
   Verschiedene Instrumente markieren hörbar die Einsätze des Chores, spielen teilweise colla parte und setzen mit ihrem zweimaligen plötzlichen Abbruch (T. 78 und 84) einen besonderen Akzent.

## Literatur

### Zu Wolfgang Amadeus Mozart

Editionen:
W. A. MOZART: Requiem. In: NMA, Serie I, Werkgruppe 1, Abt. 2, Teilband 2: Mozarts Fragment mit den Ergänzungen von Eybler und Süßmayr. Hrsg. von Leopold Nowak, Kassel 1965
*ders.*: Requiem KV 626. Urtext des Fragments ergänzt von Franz Beyer, C. F. Peters, Frankfurt/ M. 1971/1979
*ders.*: Requiem KV 626. Hrsg. von Richard Maunder, Oxford 1988

Sekundärliteratur:
FRANZ BEYER: Mozarts Komposition zum Requiem, in: Acta Mozartiana 28, 1971
FRIEDRICH BLUME: Requiem und kein Ende, Kassel 1963, Nachdruck in: Gerhard Croll (Hrsg.): Wolfgang Amadeus Mozart, Darmstadt 1977
ERNST HESS: Zur Ergänzung des Requiems durch Fr. X. Süßmayr, in: Mozart-Jahrbuch 1959
ROBERT D. LEVIN: Zur Musiksprache der Süßmayr zugeschriebenen Sätze des Requiems KV 626, in: Mozart-Jahrbuch 1991
WOLFGANG PLATH: Über Skizzen zu Mozarts Requiem, Kassel 1962, Nachdruck in: s. o. Croll
*ders.*: Mozart-Schriften. Hrsg. von Marianne Danckwardt, Kassel 1991
DIETER SCHICKLING: Einige ungeklärte Fragen zur Geschichte der Requiem-Vollendung, in: Mozart-Jahrbuch 1976/ 77
CHRISTTOPH WOLFF: Mozarts Requiem, Kassel 1991

### Zu Hector Berlioz

HECTOR BERLIOZ: Memoiren. Übersetzt und hrsg. von Wolf Rosenberg, München 1979
RUDOLF BOCKHOLDT: Berlioz-Studien, Tutzing 1979
PIERRE BOULEZ: Das Imaginäre bei Berlioz, in: Anhaltspunkte, Stuttgart und Zürich 1975
THOMAS SCHACHER: Idee und Erscheinungsformen des Dramatischen bei Hector Berlioz, Hamburger Beiträge zur Musikwissenschaft, Bd. 33, Hamburg 1987
*ders.*: Geistliche Musik als ›drame sacré‹. Über den Einfluß Le Sueurs auf Berlioz' kirchenmusikalisches Werk, in: Hamburger Beiträge zur Musikwissenschaft, Bd. 8, Hamburg 1985

### Zu György Ligeti

HARALD KAUFMANN: Eine moderne Totenmesse. Beiheft zu Wergo 60045
ERKKI SALMENHAARA: Das musikalische Material und seine Behandlung in den Werken Apparitions, Atmosphères, Aventures und Requiem von György Ligeti, Regensburg 1969

# II. Klavier- und Orchesterlied – Melodram

## Einführung

Die Voraussetzungen für die Blüte des *Klavierliedes* im 19. Jahrhundert wurden in frühklassischer Zeit (ca. 1730-1780) geschaffen. Zu einer kaum überschaubaren Fülle steigerte sich die Liedproduktion im Laufe des 18. Jahrhunderts.

1749 führte J. E. BACH eine wichtige Neuerung ein, indem er drei Systeme wählte anstatt der zweisystemigen Aufzeichnung. Diese Drucktypveränderung kündigte eine Wende vom Continuo-Lied zum Klavierlied an.

Die Anregungen, die von GOETHES Lyrik auf die Komponisten ausgingen, nahmen erstmals in den Kompositionen der ›Zweiten Berliner Liederschule‹ Gestalt an. J. A. P. SCHULZ (1747-1800: »Lieder im Volkston«, 1782), J. F. REICHARDT (1752-1814) und K. F. ZELTER (1758-1832) waren die Hauptvertreter dieser Schule. Sie strebten, beeinflußt durch die Volksliedbewegung von HERDER und GOETHE, Einfachheit und Natürlichkeit des Ausdrucks an (z. B. »Der König in Thule«). Auskomponierte Klavierbegleitungen lösten den Generalbaß endgültig ab.

> »Das nicht sehr umfangreiche Liedschaffen Mozarts (1756-1791) und Haydns (1732-1809) beruht auf zwei Voraussetzungen besonderer Art: Beide hatten im Gegensatz zu Beethoven kein Verhältnis zur großen deutschen Dichtung.«
> (MGG, Bd. 8 Sp. 764, Artikel ›Lied‹)

Die 93 erhaltenen Lieder BEETHOVENS (1770-1827) nehmen in seinem Schaffen einen bedeutenderen Platz ein als bei HAYDN und MOZART.

Die über 660 Lieder FRANZ SCHUBERTS (1797-1828) bilden in ihrem äußeren Umfang und mit ihrer kompositorischen Intensität den Höhepunkt in der Geschichte des deutschen Liedes. Singstimme und Klaviersatz werden in ihrem untrennbaren Ineinanderverwobensein zum Ausdrucksträger existentieller Grenzerfahrungen. Aus dem ›Lied mit Klavierbegleitung‹ wird bei SCHUBERT das ›Lied für Singstimme und Klavier‹. In seinem Spätwerk sind seine beiden Liederzyklen nach WILHELM MÜLLER (»Die schöne Müllerin«, 1823 und »Die Winterreise«, 1827/28) von zentraler Bedeutung.

In ROBERT SCHUMANNS (1810-1856) Liedschaffen wirkt sich der Einfluß seiner Klaviermusik aus. Vor-, Nach- und Zwischenspiele erweitern die Lieder, setzen die Liedmelodien fort und vertiefen die poetische Idee des Textes.

JOHANNES BRAHMS (1833-1897) wird wegen seiner Beschäftigung mit dem Volkslied und der daraus resultierenden Vorliebe für das Strophenlied gerne als ›romantischer Klassizist‹ bezeichnet. In einem Brief an CLARA SCHUMANN fordert er:

> »Das Lied segelt jetzt so falschen Kurs, daß man sich ein Ideal nicht fest genug einprägen kann, und das ist das Volkslied.«

Neben BRAHMS bilden die Lieder HUGO WOLFS (1860-1903) den zweiten Höhepunkt in der Liedkunst der zweiten Jahrhunderthälfte. WOLFS in fünf Zyklen zusammengefaßte 234 Lieder entstanden vornehmlich in den Jahren 1888-1890. Zwischen schweren Depressionen komponierte er oft in fieberhafter Eile mehrere Stücke am Tag. Er lehnt sich an WAGNERS deklamatorisch-melodische Sprachbehandlung an und entwickelt sie selbständig weiter. Die chromatisch geschärfte spätromantische Harmonik verdichtet oft psychogrammartig die Aussagen der Gedichte.

Innerhalb von GUSTAV MAHLERS (1860-1911) Liedschaffen gehören nur die ›14 Lieder aus der Jugendzeit‹ der Gattung des Klavierliedes an. Alle übrigen sind *Orchesterlieder*. Alle seine Lieder stehen in geheimer oder offensichtlicher Beziehung zu seinem sinfonischen Schaffen.

> »Lied ist für ihn der von einem Text aus beschrittene Weg zur Erreichung des höchsten Grades semantischer Deutlichkeit des instrumentalmusikalischen Ausdrucks.«
> (HANS HEINRICH EGGEBRECHT: Die Musik Gustav Mahlers, S. 281, München 1982)

Hauptvertreter des ›Orchesterliedes‹ sind neben GUSTAV MAHLER
– RICHARD WAGNER (1813-1883): »Wesendonck-Lieder« (1857/58),
– FRANZ LISZT (1811-1886), der 26 seiner Klavierlieder nach dem Vorbild WAGNERS für Orchester einrichtete,
– RICHARD STRAUSS (1864-1949): »Vier letzte Lieder«.

Einen völlig neuen vokalen Klangbereich erschließt ARNOLD SCHÖNBERG (1874-1951) in den Melodramen des »Pierrot Lunaire« (1912). Die vom Komponisten verlangte ›Sprechmelodik‹ experimentiert in einem Grenzbereich der Wortvertonung.

> »Alles an diesem Pierrot ist unglaubhaft, unwahrscheinlich, unmöglich, und soll es ja auch sein – und gerade das brachte dem gefesselten Künstler der Vorkriegszeit ein Stück seiner Erlösung.«
> (HELMUTH KIRCHMEYER: Die zeitgeschichtliche Symbolik des Pierrot lunaire. In: Beiheft zur Wergo-Schallplatte, S. 13, WER 60001)

Klavier- und Orchesterlied – Melodram

**Nr. 1: ›Das Wandern‹**  Arbeitsblatt 21/1

## Franz Schubert: Lieder aus »Die schöne Müllerin«

### Betrachtungen und Analysen

Durch SCHUBERTS Liedschaffen, das über 600 Kompositionen umfaßt, tritt das Lied plötzlich in das Zentrum der Kunstmusik. Für HAYDN, MOZART und BEETHOVEN war das Lied eine Randerscheinung. Bei SCHUBERT steht es im Mittelpunkt seines gesamten Schaffens. Er holt es aus der biedermeierlichen Umgebung herauf auf die Ebene hoher Kunstmusik.

**Das Moment des Wanderns in den Schubert-Liedern ›Das Wandern‹ und ›Gute Nacht‹**

**Aufgaben**

SCHUBERT eröffnet die beiden einzigen von ihm vertonten Liederzyklen, »Die schöne Müllerin« (1823) und »Die Winterreise« mit Liedern, die von ihrer Bewegung her das *Gehen* beschreiben: »Das Wandern« (s. u.) und »Gute Nacht« (s. Seite 58).

1. Arbeiten Sie an dem Lied »Das Wandern« die antreibende Kraft des Klavierparts der Takte 1-4 (Vorspiel) heraus, indem Sie zunächst Akkorde, Funktion und formale Anlage eintragen.

**Das Wandern**  HB 41  
NB 1

| Takt | 1 | 2 | 3 | 4 |
|---|---|---|---|---|
| Akkorde | | | | |
| Funktionen | | | | |
| Formteil | | | | |

*Klavier- und Orchesterlied – Melodram*

# Nr. 1: ›Das Wandern‹ (Müllerin)             Arbeitsblatt 21/2

Die musikalische Struktur kann jedoch nicht vom harmonischen Satz allein abgeleitet werden.

2. Welche Unberechenbarkeit ergibt sich aus der Harmoniefolge von Takt 2 zu Takt 3 (NB 1)?

Die rechte Spielhand fügt den in Sechzehntelnoten aufgelösten Akkorden der Tonika und Dominante Doppelgriffe hinzu (vgl. NB 1).

3. Notieren Sie den prägenden Rhythmus, der dadurch entsteht.

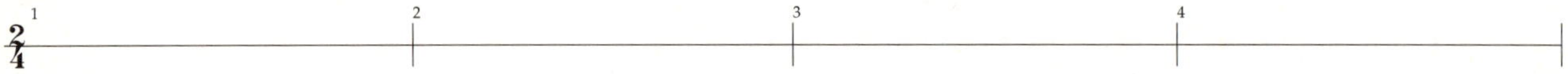

4. Stellen Sie die Begleitung der Takte 5–8 dem gefundenen Ergebnis der Takte 1–4 des Klaviervorspiels gegenüber. Ergänzen Sie dazu die fehlenden Angaben in der Grafik, und beschreiben Sie Ihre Beobachtungen.

NB 2

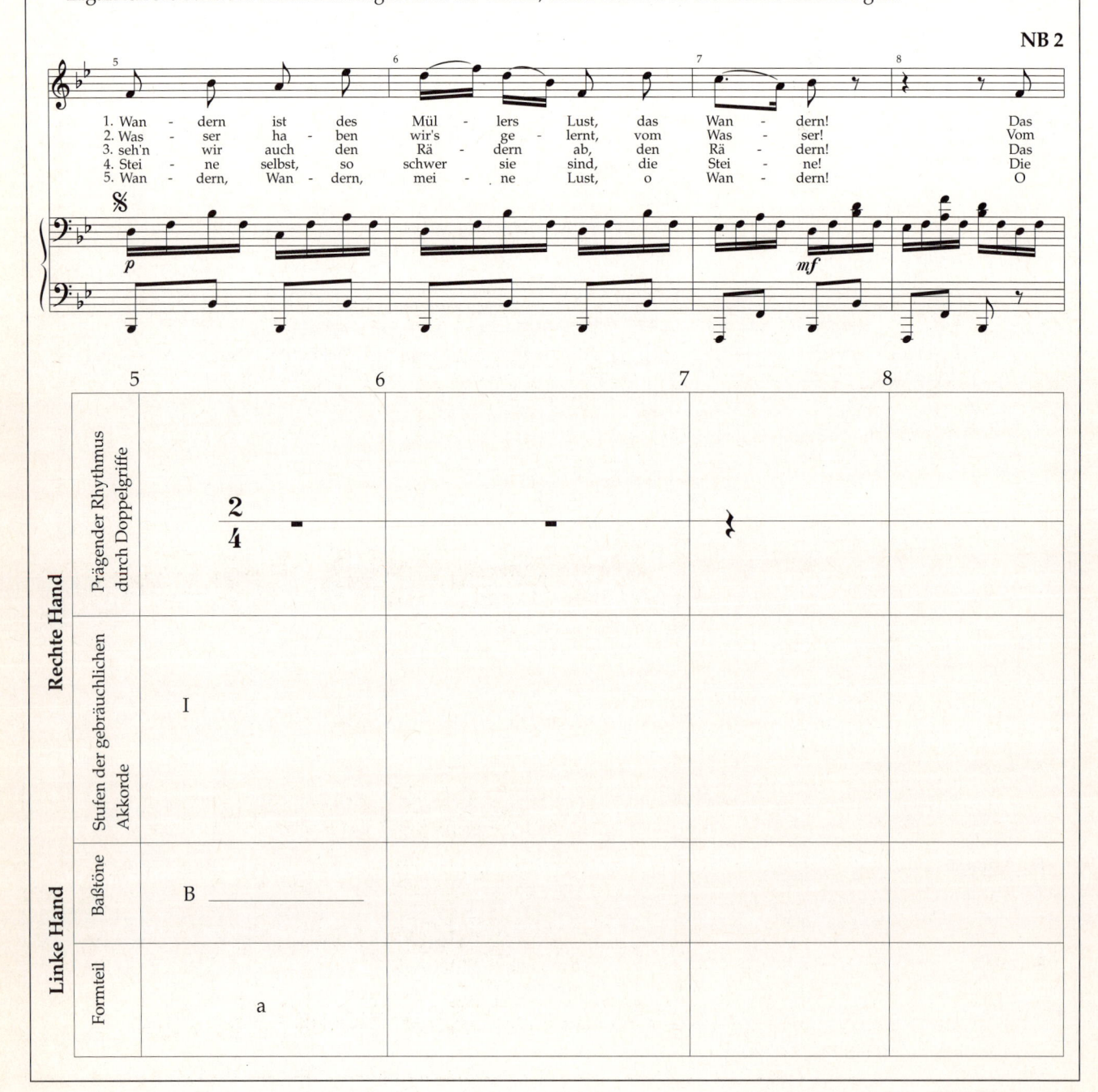

1. Wan- dern ist des Mül- lers Lust, das Wan- dern! Das
2. Was- ser ha- ben wir's ge- lernt, vom Was- ser! Vom
3. seh'n wir auch den Rä- dern ab, den Rä- dern! Das
4. Stei- ne selbst, so schwer sie sind, die Stei- ne! Die
5. Wan- dern, Wan- dern, mei- ne Lust, o Wan- dern! O

|  |  | 5 | 6 | 7 | 8 |
|---|---|---|---|---|---|
| **Rechte Hand** | Prägender Rhythmus durch Doppelgriffe | 2/4 | | | |
| | Stufen der gebräuchlichen Akkorde | I | | | |
| **Linke Hand** | Baßtöne | B _____ | | | |
| | Formteil | a | | | |

# Nr. 2: ›Wohin?‹ (Müllerin)

**Arbeitsblatt 21/3**

*Klavier- und Orchesterlied – Melodram*

## Der Zyklus

Die schöne, aber in ihrer Liebe wählerische *Müllerin* steht im Mittelpunkt vieler Gedichte und Liedkompositionen des frühen 19. Jahrhunderts, so auch in WILHELM MÜLLERS 1820 aus einem Liederspiel entstandenen Gedichtzyklus, der 1823 von FRANZ SCHUBERT vertont wurde.

Auf der Wanderschaft folgt ein junger Müllerbursche dem Lauf eines Bächleins, findet in einer Mühle Arbeit und in der schönen Müllerstochter das vermeintliche Ziel seiner Sehnsucht. Unfähig, seine Liebe nach außen kundzutun, muß der junge Müller mit ansehen, wie ein Jäger das Herz seiner Angebeteten gewinnt. Im Bach findet der Enttäuschte Trost und Tod.

### Thematik

WILHELM MÜLLER zitiert in dem ursprünglich den Zyklus einleitenden Gedicht »Wohin?« das aus dem 15. Jahrhundert überlieferte (und von CLEMENS BRENTANO bearbeitete) Volkslied »Ich hört' ein Sichlein rauschen«.

**Ich hört' ein Sichlein rauschen** *volkstümlich*

1. Ich hört' ein Sichlein rauschen, wohl rauschen durch das Korn. Ich hört' ein feine Magd klagen, sie hätt' ihr Lieb verlor'n.

2. Laß rauschen, Lieb, laß rauschen,
   ich acht' nicht, wie es geht,
   ich tät' mein Lieb vertauschen
   in Veilchen und im Klee.

3. Du hast ein Mägdlein worben
   in Veilchen und im Klee,
   so steh' ich hier alleine,
   tut meinem Herzen weh.

4. Ich hör' ein Hirschlein rauschen
   wohl rauschen durch den Wald,
   ich hör' mein Lieb sich klagen,
   die Lieb' verrauscht so bald.

5. Laß rauschen, Lieb, laß rauschen,
   ich weiß nicht, wie mir wird,
   die Bächlein immer rauschen,
   und keines sich verirrt.

### Aufgaben

1. a) Singen Sie das Lied.
   b) Vergleichen Sie seinen Inhalt mit dem von »Wohin?« (A 21/4).
   c) Warum sollte wohl »Wohin?« ursprünglich den Zyklus eröffnen?

»Er stieg langsam den Berg herunter und setzte sich an den Rand eines Baches nieder, der über vorragendes Gestein schäumend murmelte. Er hörte auf die wechselnde Melodie des Wassers, und es schien, als wenn ihm die Wogen in unverständlichen Worten tausend Dinge sagten, die ihm so wichtig waren, und er mußte sich innig betrüben, daß er ihre Reden nicht verstehen konnte.«
(Ludwig Tieck: »Runenberg«-Erzählung, S. 25, Reclam UB 7732; Stuttgart 1952)

2. a) Geben Sie den Inhalt von »Wohin?« kurz wieder.
   b) Interpretieren Sie das Gedicht, beziehen Sie den TIECKschen Text in Ihre Deutung ein. Welche Bilder stehen im Zentrum der sechs Strophen?

*Klavier- und Orchesterlied – Melodram*

**Nr. 2: ›Wohin?‹ (Müllerin)**            **Arbeitsblatt 21/4**

---

**Die Klanggestalt des Textes**        HB 42

Das Gedicht ist - wie viele Lyrik in der Romantik - im einfachen Volkston gestaltet. Es setzt Natursprache unmittelbar in Sprachklang um und nähert sich mit seinen melodischen, rhythmischen und ausdruckshaften Elementen der Sprache der Musik.

| Klangliche Stilmittel | | Melodik | Tonart |
|---|---|---|---|
| **Lautmalerei** <br> Wirkung: <br> _____ <br> _____ | 1 Ich Hört' ein Bächlein <u>rauschen</u> <br> 2 Wohl aus dem Felsenquell, <br> 3 Hinab zum Tale <u>rauschen</u> <br> 4 So frisch und wunderhell. | - - - - - | |
| **Alliteration** <br> Wirkung: <br> _____ <br> _____ | 5 Ich **weiß** <u>nicht</u>, wie **mir** wurde, <br> 6 <u>Nicht</u> wer den Rat **mir** gab, <br> 7 Ich mußte auch <u>hinunter</u> <br> 8 **Mit** meinem **W**anderstab. | - - - - - | |
| **Wortwiederaufnahme** <br> am Anfang des Verses <br> Wirkung: <br> _____ <br> _____ | 9 <u>Hinunter</u> und immer weiter, <br> 10 Und immer dem Bache nach, <br> 11 Und immer frischer <u>rauschte</u>, <br> 12 Und immer heller der Bach. | | |
| **Wortwiederholung** <br> am Anfang des Verses <br> Wirkung: <br> _____ <br> _____ | 13 Ist das denn meine Straße? <br> 14 O Bächlein, sprich, wohin? <br> 15 Du hast mit deinem <u>Rauschen</u> <br> 16 Mir ganz <u>berauscht</u> den Sinn. | - - - - - | |
| **Spiel mit Vokalfarben** <br> Wirkung: <br> _____ <br> _____ | 17 Was sag' ich denn von R**au**schen? <br> 18 Das kann k**ei**n R**au**schen s**ei**n: <br> 19 Es singen wohl d**ie** Nixen <br> 20 T**ie**f unten ihren Reih' n. | - - - - - | |
| | 21 Laß singen, Gesell', laß rauschen <br> 22 Und wand're fröhlich nach! <br> 23 Es geh'n ja Mühlenräder <br> 24 in jedem klaren Bach. | | |
| **Coda** | Laß singen, Gesell', laß rauschen <br> Und wand're fröhlich nach! | | |

3. Sprechen Sie das Gedicht, und bestimmen Sie die Wirkung der klanglichen Stilmittel. Formulieren Sie Ihre Erkenntnisse als Vortragsanweisung, die Sie in den Text einzeichnen.

4. Wie erklären Sie sich das häufige Vorkommen des Verbs ›rauschen‹?

5. An welchen Stellen geraten Sprachmetrum und Sprachrhythmus in ein Spannungsverhältnis?

**Nr. 2: ›Wohin?‹ (Müllerin)**                                               Arbeitsblatt 21/5

### Die Deklamationsebenen

SCHUBERT gestaltet in seinen Liedern nicht nur den Sinn- und Ausdrucksgehalt der Gedichte, sondern setzt Sprachstruktur selbst in musikalische Struktur um. Wir haben es also mit einem sehr komplexen *Wort-Ton-Verhältnis* zu tun, das sich in verschiedenen musikalischen Schichten abbildet. Der systematischen Darstellung wegen, wollen wir die Schichten trennen und am Beispiel der ersten vier Liedtakte exemplarisch darstellen.

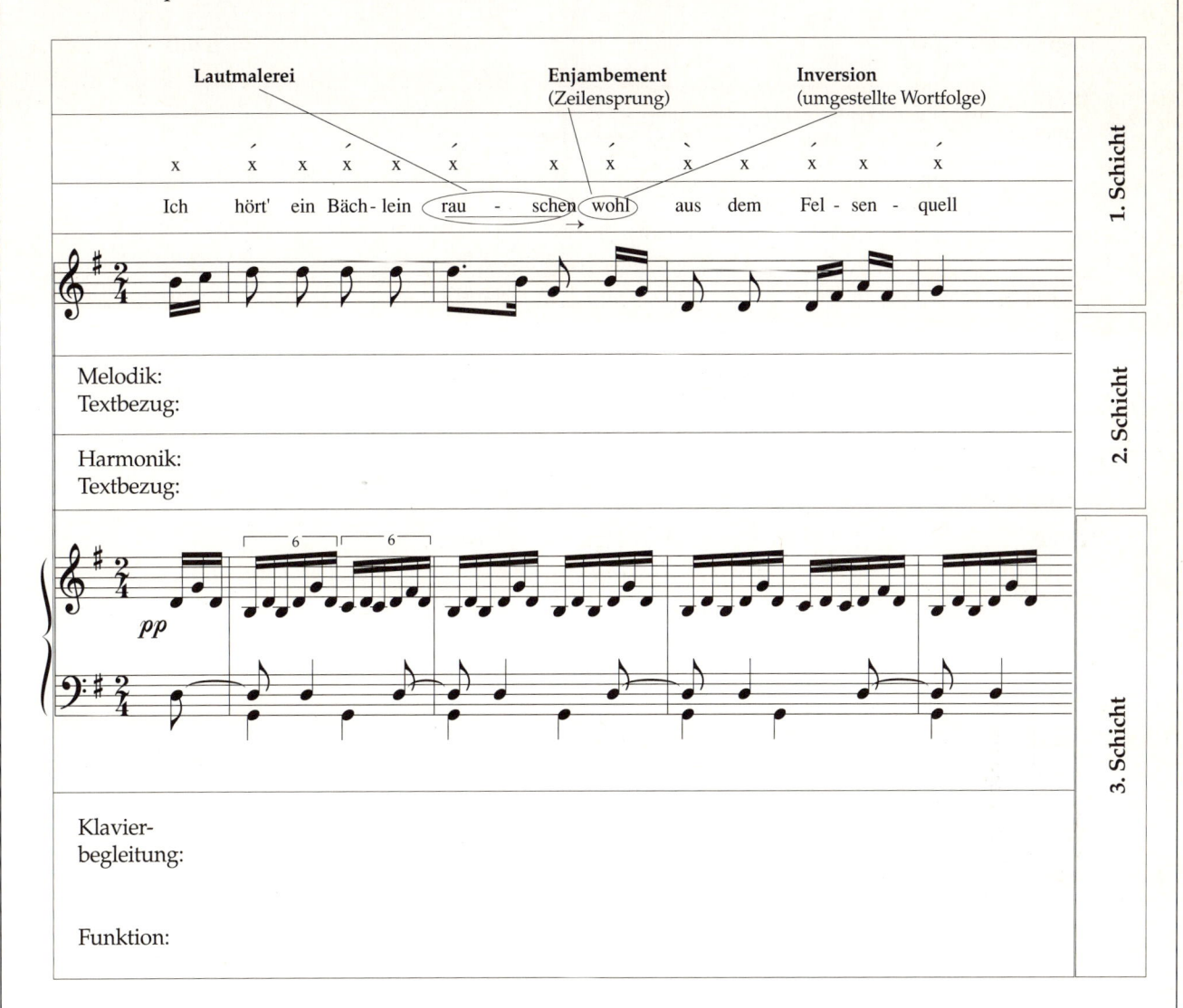

*[Notenbeispiel mit drei Schichten:*

*1. Schicht: Text „Ich hört' ein Bächlein rauschen wohl aus dem Felsenquell" mit Markierungen für Lautmalerei, Enjambement (Zeilensprung), Inversion (umgestellte Wortfolge)*

*2. Schicht: Singstimme mit Feldern für „Melodik: / Textbezug:" und „Harmonik: / Textbezug:"*

*3. Schicht: Klavierbegleitung mit Feldern für „Klavierbegleitung:" und „Funktion:"]*

**1. Schicht**
Abbildung der Klanggestalt des Textes durch Melodik, Rhythmus, Artikulation

**2. Schicht**
Interpretation des Sinn- und Ausdrucksgehalts durch Melodik, Rhythmus, Harmonik, Tonmalerei, Figuren, Form

**3. Schicht**
Klavierbegleitung als Sinn- und Ausdrucksträger

6. Singen Sie die Liedmelodie, und vergleichen Sie ihren Duktus mit dem der Sprachmelodie.

7. Wie setzt SCHUBERT die Spannung zwischen Vers- und Sinnbetonung um?

8. Wie bildet die Musik das Versprinzip der Sprache ab?

9. a) Beschreiben Sie Melodik und harmonischen Verlauf, und setzen Sie sie zum Text in Beziehung.
   b) Wo wird diese Melodie im Lied wiederaufgenommen?
   c) Lassen sich andere Liedteile demselben Melodietypus zuordnen?
   (Übertragen Sie Ihre Ergebnisse in die rechte Spalte von Arbeitsblatt 21/4.)

10. Spielen Sie die Klavierbegleitung auf Ihnen zur Verfügung stehenden Instrumenten.
    Welche Aufgabe erfüllt sie als Sinn- und Ausdrucksträger?

*Klavier- und Orchesterlied – Melodram*

# Franz Schubert: Nr. 2, ›Wohin?‹ (Müllerin)

**Arbeitsblatt 21/6**

## Die Interpretation des Sinn- und Ausdrucksgehalts durch Melodik, Harmonik, Form

Der Höhepunkt des Gedichts liegt im Stimmungsumschwung in der vierten Strophe.
Wie die Musik diese Textstelle gestaltet, soll im folgenden untersucht werden.

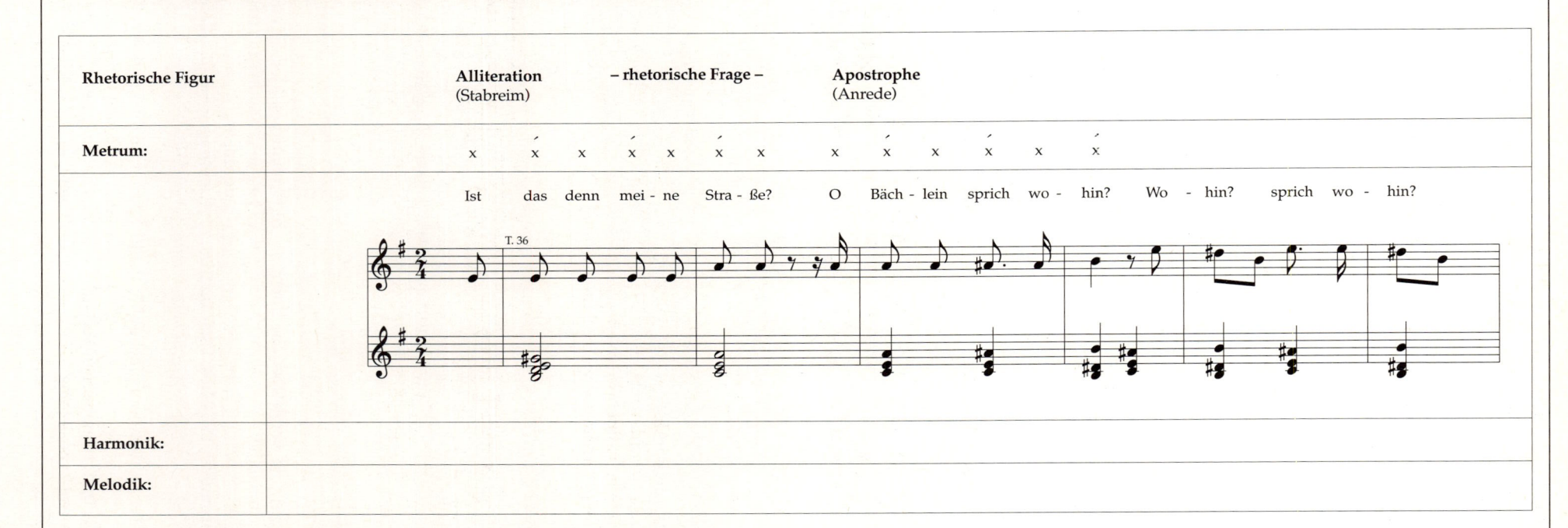

| Rhetorische Figur | Alliteration (Stabreim) | – rhetorische Frage – | Apostrophe (Anrede) |
|---|---|---|---|
| Metrum: | x x́ x x́ x x́ | x x́ x x́ x x́ | x x́ x x́ |
|  | Ist das denn mei - ne Stra - ße? | O Bäch - lein sprich wo - hin? | Wo - hin? sprich wo - hin? |
|  | *[Notenbeispiel T. 36]* | | |
| Harmonik: | | | |
| Melodik: | | | |

11. Beschreiben Sie Sinn- und Ausdrucksgehalt von Melodik und Harmonik. Mit welchen musikalischen Mitteln wird er erreicht?
  Wieviele Quintenzirkelgrade entfernt sich die Harmonik vom ›Naturklang‹ G-Dur?
12. Untersuchen Sie unter diesen Gesichtspunkten auch die Takte 11-14.
  Vergleichen Sie beide Beispiele hinsichtlich ihres Melodietyps. Wo im Lied ist er noch anzutreffen?
  (Übertragen Sie Ihre Ergebnisse in die rechte Spalte von A 21/4.)
13. Bestimmen Sie mit Hilfe von Arbeitsblatt 21/4 die formale Anlage von »Wohin?«.
  Welche Bedeutung kommt in diesem Zusammenhang der Wiederholung der in Arbeitsblatt 21/5 dargestellten Dreiklangsmelodik zu?

**Die formale Anlage**
Die Kunstästhetik der Romantik fordert vom Künstler, daß er das Problem der formalen Gestaltung in jedem Werk neu, individuell, gleichsam von innen her löst.

*Klavier- und Orchesterlied – Melodram*

# Franz Schubert: Nr. 6, ›Der Neugierige‹ (Müllerin)     Arbeitsblatt 21/7

### Die Textaussage und der ›Ton‹ des Liedes

»Der primäre Einfall (die ›inventio‹, das Thema) und so auch dessen dauernde Präsenz, seine Durchführung und Wiederkehr, sind im Lied Schuberts in der Regel höchst konkret auf den Text, die Aussage des Gedichts bezogen. Und diesen durch den Sprachgehalt des Gedichtes veranlaßten Erfindungskern sowie jenes Ein und dasselbe, das aus ihm als Erfindungsquelle kompositorisch hervorgeht und im ganzen Liede währt, nenne ich den ›Ton‹ des Liedes.«
(Hans Heinrich Eggebrecht: »Prinzipien des Schubert-Liedes«, in: H. H. Eggebrecht: »Sinn und Gehalt«, S. 166; Wilhelmshaven 1979)

### Aufgaben

1. Vergewissern Sie sich des Textinhalts und seiner Aussage.

2. Hören Sie das Lied, und vergleichen Sie seinen formalen Aufbau mit dem des Gedichts.

| Strophe | | 1 | 2 | | 3 | 4 | | 5 | |
|---|---|---|---|---|---|---|---|---|---|
| Inhalt | | | | | | | | | |
| Redeform | | \multicolumn{2}{innerer Monolog} | | \multicolumn{2}{direkte Rede} | | | |
| musikalische Form | T. 1-4 | T. 5-12 | T. 13-20 | T. 20-22 | T. 23-32 | T. 33-41 | T. 41-42 | T. 43-52 | T. 52-55 |
| Takt/Tempo | | | | | | | | | |

3. a) Der ›Erfindungskern‹ des ersten Abschnitts (T. 1-22) prägt bereits das Vorspiel.
    Welche zentrale Textaussage wurde für Schubert zur ›kompositorischen Erfindungsquelle‹?
 b) Mit welchen kompositorischen Mitteln gestaltet er ihn?
 c) Wo läßt sich der Erfindungskern im ersten Abschnitt nachweisen?

HB 43

zentrale Textaussage:

___

kompositorische Mittel:

___

*Klavier- und Orchesterlied – Melodram*

# Franz Schubert: Nr. 6, ›Der Neugierige‹ (Müllerin)     Arbeitsblatt 21/8

**Die Klavierbegleitung und ihr Verhältnis zu Text und Gesangsstimme**

»Wenn die Musik nicht in viel großartigerem, als blos colorirendem Sinne das Gedicht behandelt, wenn sie nicht - selbst Zeichnung und Farbe zugleich - etwas ganz Neues hinzubringt, das in ureigner Schönheitskraft blättertreibend die Worte zum bloßen Epheuspalier umschafft: dann hat sie höchstens die Staffel der Schülerübung oder Dilettantenfreude erklommen, die reine Höhe der Kunst nimmermehr.«
(EDUARD HANSLICK: »Vom Musikalisch-Schönen«, S. 21, Darmstadt 1981)

| Klaviersatz | Merkmale | Funktion |
|---|---|---|
| A / A' (T.5) | | |
| B / B' (T.23) | | |
| C (T.33) | | |
| C (T.35) | | |

4. Beschreiben Sie den Klaviersatz der einzelnen Abschnitte, und bestimmen Sie die Funktion, die er erfüllt.

5. Aus welchem musikalischen Material bestehen Vorspiel, Zwischenspiele und Nachspiel? Welche Aufgabe kommt ihnen im Lied zu?

6. In welchem Verhältnis steht die Klavierstimme zum Text und zur Singstimme?

7. Wie definiert HANSLICK das Verhältnis zwischen Musik und Sprache?

*Klavier- und Orchesterlied – Melodram*

# Lösungen – Hinweise

**Zu Arbeitsblatt 21/1** (s. Aufgaben S. 47)

1. Tabelle:

| Takt | 1 | | 2 | | 3 | | 4 | |
|---|---|---|---|---|---|---|---|---|
| Akkorde | B | B | F | B | B | B | F | B |
| Funktion | I | I | V | I | I | I | V | I |
| Formteil | a | | b | | a | | b | |

**Zu Arbeitsblatt 21/2** (s. Aufgaben S. 48)

2. In Takt 3 erwartet der Hörer ein Fortschreiben der Harmonik; diese Erwartung wird durch die ›primitive‹, unerwartet eintretende Tonika (B) in Takt 3 jedoch umgestoßen und wirkt unvermittelt, erneuernd; sie wird zur ›musikalischen Struktur‹.

3. Rhythmus:

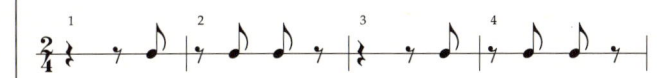

4. Vergleich:

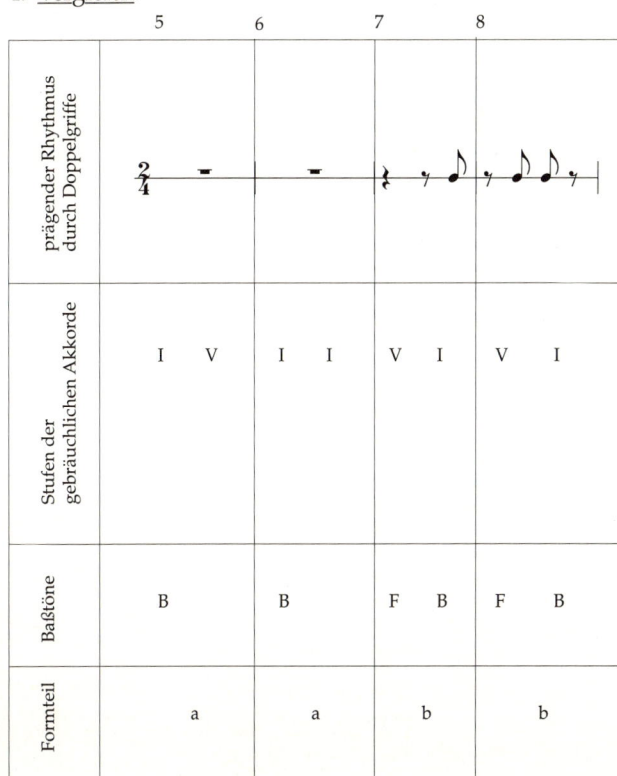

| | 5 | 6 | 7 | 8 |
|---|---|---|---|---|
| prägender Rhythmus durch Doppelgriffe | | | | |
| Stufen der gebräuchlichen Akkorde | I V | I I | V I | V I |
| Baßtöne | B | B | F B | F B |
| Formteil | a | a | b | b |

Die geänderte Reihenfolge der Baßtöne ergibt eine Umstellung der Formtabelle:

a – b – a – b wird zu a – a – b – b.

Diese Untersuchung zur Begleitung zeigt, wie das einfache Spiel auf engstem Raum vielfältig gestaltet ist; eine anfangs vermutete Simplizität erweist sich als spielerische Phantasie, die immer neue Impulse freisetzt.

**Zu Arbeitsblatt 21/3** (s. Aufgaben S. 49)

1. b) und c):

In »Wohin?« ist programmatisch das Schicksal des jungen Müllerburschen vorgezeichnet. *Volkslied* und *Liederzyklus* gleichen sich hinsichtlich der Thematik (Thema der verlorenen Braut) und des tragisches Endes.

2. a):

Das ›lyrische Ich‹ (der junge Müller) ist auf Wanderschaft und reflektiert unterwegs den eingeschlagenen (Lebens-)Weg.
Folgte er anfangs willenlos dem Rauschen des Bächleins, so kommen ihm unterwegs Zweifel. Die bisher unbewußte, traumhafte Übereinstimmung von Ich und Natur tritt reflektierend auseinander.
Das ›lyrische Ich‹ läßt jedoch alle Zweifel fahren und faßt Vertrauen in den Weg, den das ›klare‹ (d. h. aufrichtige) Bächlein vorgegeben hat.

b):

Zwei für die Romantik typische *Bilder* beherrschen das Gedicht: das des ›Rauschens‹ und das des ›Wanderns‹.
Natur läßt sich vor allem akustisch wahrnehmen. In ihrem ›Rauschen‹ und Tönen vernimmt der Mensch die Stimme des Göttlichen. Die Fähigkeit, die in ihr enthaltene Botschaft zu entschlüsseln, hat er jedoch verloren. So bleibt er Wanderer zwischen zwei Welten, zerrissen zwischen Traum und Realität, zwischen Wunsch und Wirklichkeit, von der Sehnsucht getrieben, die Gegensätze in sich und der Welt einst in einem ›fernen Land‹ zu überwinden.

**Zu Arbeitsblatt 21/4** (s. Aufgaben S. 50)

3.-4. Klangliche Stilmittel:
*Lautmalerei*: Nachahmung der Naturgeräusche;
*Alliteration* (Stabreim): Betonung der zwanghaften Wirkung, die vom Rauschen des Wassers ausgeht;
*Epanalepse* (Wortwiederaufnahme) und *Anapher* (Wortwiederholung am Versanfang): gefühlsverstärkend;
*Vokalfarben*: dem Wechsel von dunkler und heller Farbe (a-i) in der 5. Strophe entspricht der Wechsel von ›Rauschen‹ in ›Singen‹.

Vortragsbezeichnung:
Strophe 3: *Ellipse* (Worteinsparung) und *Inversion* (umgestellte Wortfolge): accellerando;
*Epanalepse* und *Anapher*: crescendo;
Strophe 4 (rhetorische Frage): decrescendo und ritardando.

5. 1. Strophe: Die beiden Adverbien ›wohl‹ (Zeile 2) und ›so‹ (Zeile 4) tragen *Stimmakzent*, ebenso ›nicht‹ (Zeile 6).

Klavier- und Orchesterlied – Melodram

# Lösungen – Hinweise

### Zu Arbeitsblatt 21/5 (s. Aufgaben S. 51)

6. Lied- und Sprachmelodie gleichen sich im Duktus.

7. SCHUBERT skandiert im Versmaß, weicht aber einer scharfen Betonung des Metrums aus. Ausgleich zwischen *Taktbetonung* und *Sprachakzent* (Hochton und Melisma bei ›wohl‹, Melisma bei ›Felsenquelle‹).

8. Das *Versprinzip* der Sprache findet musikalisch seine Entsprechung in *periodisierter Melodik* und liedmäßiger *Taktgruppenmetrik* (Folge: T – D – T; T – D – T).

9. a): SCHUBERT arbeitet in »Wohin?« mit zwei kontrastierenden *Melodiemustern*, die jedes für sich wieder in abgewandelter Form erscheinen:
   – einfache, melodisch geschlossene, naturhafte *Dreiklangsmelodik* im Duktus leicht auf- und abschwingend (= A). Zusammen mit Tonart und -geschlecht (G-Dur = ›Naturklang‹) kennzeichnet sie die naturhaft-magische Traumsphäre, der sich das ›lyrische Ich‹ hingibt.
   – rezitativähnliche, syllabische *Skalenmelodik* mit weniger ausgeprägter Symmetrie und modulatorischer Harmonik (s. Arbeitsblatt 21/6). Sie erscheint immer dann, wenn Seele und Natur reflektierend auseinandertreten (vgl. Arbeitsblatt 21/4).
   b): Takte 15ff. und Takte 54ff.
   c): Verteilung der beiden Melodiemuster auf die einzelnen Strophen:

| Strophe  | 1 | 2 | 3 | 4 | 5 | 6 | |
|----------|---|---|---|---|---|---|---|
| Melodik  | A | A | B :A¹ | B¹ :A¹: | B² B¹A¹ | B³ :A: | B¹ :A²: A |
| Tonart   | G | G | H→G G | H→D D | E→e e | e→G G | H→G G G |

10. Statischer *Quintbordun* und kreisende gebrochene *Dreiklangsfigur* (Sextolen) bilden tonmalerisch Geräusch und Bewegung des Bächleins ab. Die homogene figurative Begleitung macht dabei den einheitlichen ›Ton‹ des Liedes aus (s. Arbeitsblatt 21/7).

### Zu Arbeitsblatt 21/6 (s. Aufgaben S. 52)

11. Affektiv gesteigerte *Rezitationsmelodik*, syllabische Textvertonung, Sprengen des Zeilenmetrums durch dreifache Frage kennzeichnen diesen Anschnitt. Die Harmoniefolge (T. 36-T. 41):

$$E^7_5 - a_3 - Fis^7_{5>} - H$$

entfernt sich mit ihrem unruhigen modulatorischen Charakter fünf Zirkelgrade vom ›Naturklang‹ G-Dur und ist ein deutliches Indiz für die seelische Spannung, in der sich das ›lyrische Ich‹ befindet.

12. Auch in den Takten 11-14 haben wir eine rezitativartige *Melodiebildung*. Fallende Stufenmelodik, Chromatik und Vorhaltsbildung charakterisieren den ersten Teil. Deutlich wird die Hauptbetonung des zweiten Verses (›Rat‹) durch Quintsprung aufwärts und Hochton (e″) hervorgehoben.
*Dominantische Klangbeziehungen* zeichnen hier das willenlos dem Naturklang Verfallen-Sein des ›lyrischen Ichs‹:

$$( H_3 - E^{7\,9>}_7 - a_3 - E^7_3 - a - D^7_3 - G )$$

(Zum Auftreten dieses Melodietyps s. oben.)

13. SCHUBERT gestaltet in der *formalen Anlage* den inneren Prozeß nach, den das ›lyrische Ich‹ durchläuft. Strukturelle Analogie (Kontrastmelodik, Wiederholung von melodischen Abschnitten, Modulationsplan) sorgt - trotz einer musikalischen Differenzierung im einzelnen - für formale Geschlossenheit. Die reprisenartige Wiederholung des ›Themas‹, T. 15ff. und T. 54ff. (s. Arbeitsblatt 21/5) spiegelt die wiedergewonnene Übereinstimmung von Ich und Natur wider.

### Zu Arbeitsblatt 21/7 (s. Aufgaben S. 53)

1. Inhalt:
In »Der Neugierige« möchte der junge Müller gerne wissen, ob die ›Müllerin‹ ihn liebt. Er wendet sich mit seiner Frage an das Bächlein. Neugierde, aber zugleich Unsicherheit und Verzagtheit sprechen aus den Versen.

2. Form:
Zwei Abschnitte: a) *Innerer Monolog* (1. und 2. Strophe), b) *wörtliche Rede* (Strophen 1 u. 2 sowie 3 u. 5 korrespondieren miteinander; isoliert steht dagegen die 4. Strophe). Die musikalische Form lehnt sich an die Sprachform an:
   – Vorspiel (T. 1-T. 4)
   – A (T. 5 mit Auftakt-T. 12)
   – A' (T. 13 mit Auftakt-T. 20)
   – Zwischenspiel (T. 20-T. 22)
   – B (T. 23 mit Auftakt-T. 32)
   – C (T. 33-T.41)
   – Zwischenspiel (T. 41-T. 42)
   – B' (T. 43 mit Auftakt-T. 52)
   – Nachspiel (T. 52-T. 55)

Takt: 2/4 : 3/4
Tempo: langsam, sehr langsam.

3. a) Frage
b) musikalische Mittel: H-Dur als entfernte Tonart.
Das Vorspiel nimmt in Takt 1 den ersten Takt der Gesangsstimme vorweg (Fragegestus).
Die ersten vier Takte bilden die Kadenz:

$$H - gis - Cis^{7\,9>}_3 - Fis - H$$

SCHUBERT unterbricht aber den harmonischen Ablauf auf seinem Höhepunkt auf dem verminderten Septakkord durch eine Viertelpause (Frage), um die Spannung anschließend in den Takten 3 und 4 zur Tonika abfallen zu lassen (Antwort).

c) Die beiden ersten Strophen enden auf der Dominate, die Fragen bleiben ›offen‹. Das Nachspiel nimmt in Takt 21 die melismatische Wendung der Singstimme (T. 19) auf, führt sie aber nicht zur Tonika zurück. Statt einer Auflösung leitet ein Pausentakt in den B-Teil über.

**Zu Arbeitsblatt 21/8** (s. Aufgaben S. 54)

4. Das *Klavier* stützt nicht nur die Singstimme, sondern deutet Inhalt und Aussage des Textes. Sie spricht dabei gerade das mit Worten nicht Ausdrückbare aus.
   Teil A: 2/4-Takt, langsam, einfaches kurzgliedriges Begleitmuster im komplementären Achtelrhythmus, durch Pausen voneinander abgesetzt. Sie hemmen den melodischen Fluß (bange Frage).
   Teil B: 3/4-Takt, sehr langsam, gleichmäßige Sechzehntelbewegung, gebrochene Akkorde, Quint-Oktavklänge im Baß. Tonmalerische Wirkung: BACH-Motiv (BACH als Gesprächspartner); Takt 20 in Moll (Erkennen der Wirklichkeit). Das mehrfach im Zyklus auftauchende BACH-Motiv besitzt leitmotivische Wirkung.
   Teil C: In Takt 33 lang ausgehaltene, nicht an das Metrum gebundene Akkorde stützen die frei deklamatorisch geführte Singstimme. Takt 35: Das Viertonmotiv (*d-e-f-e*), vom Klavier exponiert, wird einen Takt später von der Singstimme aufgenommen; vollgriffige Akkorde in colla-parte-Führung zur Singstimme (hartnäckiges Insistieren auf der Frage). Überraschender Varianttrugschluß auf G-Dur (T. 35) unterstreicht das »Nein« und läßt das tragische Ende des jungen Müllers anklingen.

5. *Vor- und 1. Zwischenspiel*: s. Arbeitsblatt 21/7 ›Form‹.
   *2. Zwischenspiel und Nachspiel*: Die Sechzehntelbewegung, dem B-Teil entnommen, besitzt Überleitungs- bzw. Ausklangsfunktion.

6.-7. *Gesangs- und Klavierstimme* sind aufeinander angewiesen und gleichrangig. Tendiert HANSLICK dahin, der Musik den Vorrang einzuräumen, so wird als Wesensmerkmal des SCHUBERTschen Liedes das Gleichgewicht zwischen Text, Singstimme und Klavier angesehen.

*Klavier- und Orchesterlied – Melodram*

# Nr. 1: ›Gute Nacht‹            Arbeitsblatt 22/1

## Franz Schubert: Lieder aus »Die Winterreise«

SCHUBERT komponierte den Liederzyklus »Die Winterreise« nach Gedichtvorlagen von WILHELM MÜLLER in zwei Abteilungen. Das Autograph der ersten zwölf Lieder ist von SCHUBERT mit »Febr. 1827« datiert; die Fortsetzung der »Winterreise« trägt das Datum »Oct. 1827«.

Ein Freund SCHUBERTS, der Dichter JOHANN MAYRHOFER, berichtet in seinen Erinnerungen:

»Die Wahl der ›Winterreise‹ schon beweist, wie der Tonsetzer ernster geworden. Er war lange und schwer krank gewesen, er hatte niederschlagende Erfahrungen gemacht, dem Leben war die Rosenfarbe abgestreift; für ihn war Winter eingetreten. Die Ironie des Dichters, wurzelnd in Trostlosigkeit, hatte ihm zugesagt; er drückte sie in schneidenden Tönen aus. Ich war schmerzlich ergriffen.«

Gleichbleibendes Thema aller Lieder ist das unglückliche Ich. Deshalb ist die Reihenfolge der einzelnen Lieder belanglos. SCHUBERT konnte an den vorgefundenen Anordnungen Umstellungen vornehmen.

### »Gute Nacht«

Das Eröffnungslied der »Winterreise« ist der Schlüssel für den gesamten Zyklus; es ist durchwoben vom Motiv des Wanderns; alle nachfolgenden Lieder sind von dieser Atmosphäre ergriffen. In »Gute Nacht« wird ebenso wie im Lied »Das Wandern« die Vorstellung des Gehens eingefangen.

Anders als beim Lied »Das Wandern« ist jetzt die Begleitformel gebildet. Im *Vorspiel* verschmilzt die vorausgenommene Gesangsmelodie mit der Begleitung, gekennzeichnet durch weiche, im Portato repetierte Achtelklänge, die zwar einen selbständigen Satz bilden und dennoch nach Ergänzung verlangen. Das Wandern ist hier kein freudiges Vorwärtsdrängen, sondern eher ein müdes, resignierendes Geschobenwerden.

### Aufgaben

1. Das Vorspiel nimmt die Gesangsmelodie in eigener Weise vorweg. Vergleichen Sie die Gliederung der Takte 2 bis 6 mit den Takten 7 bis 11 (jeweils mit Auftakt), und versuchen Sie, die Melodie des Vorspiels der Gesangsstimme der Takte 7 bis 11 anzugleichen.

**Vorspiel**          HB 44

# Franz Schubert: Nr. 1: ›Gute Nacht‹ (Winterreise)

*Klavier- und Orchesterlied – Melodram*

Arbeitsblatt 22/2

Im zweiten Takt wird das letzte und somit unbetonte Achtel in dreifacher Weise hervorgehoben: durch *fp*, durch Akzent (>) und einen unerwartet ›schneidenden‹ oder geschärften Akkord (VII$^7$ mit Vorhalt *f'*) über Orgelpunkt *d* (vgl. NB 3).

2. An welcher Stelle tritt nach dem Einsatz der Gesangsstimme dieses Merkmal in abgewandelter Form wieder auf?

Die aus dem Rahmen fallende, den Zuhörer überraschende *fp*-Wendung im zweiten und dritten Takt des Klavierspiels ist mit ihrer geschärften Harmonik, aber auch dem Halbtonschritt *f-e* prägend.

3. Zeigen Sie solche verwandten prägenden Stellen am gesamten Lied auf. Deuten Sie die Wort-Tonbeziehungen dieser Stellen.

4. Vergleichen Sie die Melodie der Gesangsstimme in den Takten 7 bis 11 mit dem Beginn der dritten Strophe: »Was soll ich länger weilen […] hinaus.«
Versuchen Sie die Unterschiede aus dem Textinhalt heraus zu interpretieren.

**Was soll ich länger weilen …** NB 2

*[Notenbeispiel: Gesangsstimme mit Klavierbegleitung, Text: „3. Was soll ich län-ger wei-len, daß man mich trieb hi-naus? [Laß ir-re Hun-de]"]*

5. Vergleichen Sie wiederum die Takte 7 bis 11 (vgl. NB 3) mit dem Beginn der vierten Strophe: »Will dich im Traum nicht stören […] Ruh«.
Untersuchen Sie dazu insbesondere den Tonvorrat der genannten Stelle. Interpretieren Sie die Veränderung.

**Will dich im Traum nicht stören …** NB 3

*[Notenbeispiel: „Will dich im Traum nicht stö-ren, wär' schad' um dei-ne Ruh',"]*

SCHUBERT gestaltet seine Klavierbegleitungen als elementare, ursprüngliche *Stütze* zur gesungenen Melodie, aber auch eigenständig, die Struktur der Begleitung verändernd und mit der Gesangsstimme verschmelzend.
Zwischen *Stütze* der Singstimme und *Verschmelzung* mit der Singstimme gibt es viele graduelle *Abstufungen* – oft innerhalb desselben Liedes.

6. Weisen Sie im Lied »Gute Nacht« an wenigstens drei Stellen folgende Verknüpfungsstrukturen auf:

Stütze – Anteilnahme – Verschmelzung.

7. Zeigen Sie auf, wie die nach Moll gewendete Schlußmelodie »an dich hab ich gedacht« im Nachspiel, das der Oberstimme entbehrt, als Reminiszenz nachklingt.
Wie ist die Gesamtanlage des Nachspiels zu deuten?

*Klavier- und Orchesterlied – Melodram*

# Franz Schubert: Nr. 23, ›Die Nebensonnen‹ (Winterreise)     Arbeitsblatt 22/3

Das Lied stand in WILHELM MÜLLERS Anordnung an fünftletzter Stelle. SCHUBERT setzt es an den Schluß seines Zyklus »Die Winterreise«, denn »Der Leiermann« (Nr. 24) hat eher die Merkmale eines Epilogs, nachdem der Vorhang sich mit dem Lied »Die Nebensonnen« gesenkt hat, die Lichter erloschen sind.

Der Text:

### Die Nebensonnen

1. »Drei Sonnen sah ich am Himmel steh'n,
   Hab' lang und fest sie angeseh'n;

2. Und sie auch standen da so stier,
   Als wollten Sie nicht weg von mir.

3. Ach meine Sonnen seid ihr nicht!
   Schaut andern doch ins Angesicht.

4. Ja, neulich hatt' ich auch wohl drei:
   Nun sind hinab die besten zwei.

5. Ging' nur die dritt' erst hinterdrein!
   Im Dunkeln wird mir wohler sein.«

Vom ersten Lied »Gute Nacht«, mit seiner ununterbrochenen, gleichförmig fortschreitenden Achtelbewegung, spannt sich der Bogen zum Schlußlied »Die Nebensonnen«, das von der rhythmischen Differenzierung her betrachtet »mit der gesamten Winterreise durchtränkt ist« (THR. GEORGIADES, a. a. O., S. 310).

SCHUBERT verzichtet bei der Vertonung des Gedichtes auf Textwiederholungen. Die Melodiebögen für die fünf Verspaare haben unterschiedlichen Ambitus.

### Aufgaben

1. Stellen Sie diese Umfänge fest, und versuchen Sie eine Interpretation des gefundenen Sachverhalts.

   Mit Ausnahme des dritten Verspaares (Takte 16-19 und Takt 24) durchzieht das gesamte Lied, Takt für Takt, *eine* rhythmische Figur.

2. Beschreiben Sie diese gliedernde Figur. Welchen Eindruck hinterläßt sie beim Hörer?
   An welche musikalische Form erinnert sie?

# Franz Schubert: Nr. 23: ›Die Nebensonnen‹ (Winterreise)

*Klavier- und Orchesterlied – Melodram*

**Arbeitsblatt 22/4**

## Die Nebensonnen

*Franz Schubert*

NB 4     *Nicht zu langsam*     HB 45

Drei Sonnen sah ich am Himmel steh'n, hab' lang' und fest sie an-geseh'n;

und sie auch standen da so stier, als wollten sie nicht weg von mir.

Ach, meine Sonnen seid ihr nicht! Schaut andern doch ins Angesicht! Ja, neulich hatt' ich

*Klavier- und Orchesterlied – Melodram*

# Franz Schubert: Nr. 23, ›Die Nebensonnen‹ (Winterreise)     Arbeitsblatt 22/5

Die Takte 16 bis 19 (drittes Verspaar) werden von Schubert sowohl in der Gesangsstimme als auch in der Klavierbegleitung anders gestaltet. Sie fallen aus dem Rahmen.

3. Nennen Sie auffällige Merkmale, die die Andersartigkeit dieser Stelle bewirken.
Vergleichen Sie dazu insbesondere die Merkmale der beiden ersten Verspaare.
Versuchen Sie eine Begründung aus dem Zusammenhang heraus zu finden.

Vorspiel, Zwischenspiele und Nachspiel haben ungleiche Ausdehnungen und damit unterschiedliche Aufgaben.

4. Untersuchen Sie dazu die Takte 1 bis 4, 8/9, 13 bis 15, 23 bis 25 und 19 bis 32. Interpretieren Sie deren Aufgaben.

Nahezu das gesamte Lied wird durch fallende und steigende Sekundschritte geprägt.

5. Untersuchen Sie dazu die ersten vier Takte (Vorspiel) des Liedes.
Welchen Höreindruck vermitteln diese musikalischen Fakten?

6. Äußern Sie sich zum Gesamtklang und zur Tonlage des Klaviersatzes sowie zu der besonderen Akkordfärbung bei der Textstelle: ›Im <u>Dun</u> - keln wird mir wohler sein!‹ (Takt 28).

*Klavier- und Orchesterlied – Melodram*

# Lösungen – Hinweise

**Zu Arbeitsblatt 22/1** (s. Aufgaben S. 58)

1. Das Klavierspiel ist um einen Takt länger. Die *Singstimme* greift die ersten fünf Anfangstöne auf, geht aber dann eigene Wege und bildet einen regelmäßigen Ablauf von 2 + 2 Takten.
Das *Vorspiel* hingegen wird durch den eingeschobenen Takt 4 mit Auftakt (= Wiederholung von Takt 3) aus dem Gleichmaß genommen.

Mögliche Lösung:

**Zu Arbeitsblatt 22/2** (s. Aufgaben S. 59)

2. SCHUBERT verlagert die Schärfung aus Gründen der Sprachbetonung beim Wort ›gezo - gen‹ (Takt 9) auf die betonte Taktzeit. Klanglich fehlt lediglich der Leitton *cis'*.

3. In folgenden Takten finden sich solche (strukturbildenden) Halbtonschritt-Verbindungen:
Takte 24, 25, 26, 27; 30/31; 56ff.; 62f.
Die überraschenden, harmonisch geschärften *fp*- Wendungen im 2. und 3. Takt des Klaviervorspiels werden in den Zwischenspieltakten 24 und 25 wieder aufgegriffen. Man kann sie als ein Nachwirken des stechenden Schmerzes deuten, daß Liebe und angedeutete Ehe für immer verloren sind.
Die Begleitung der Takte 26 und 27 entspricht den vorausgegangenen Takten 24 und 25; sie besitzen Eigenständigkeit, ohne eigentlichen Textbezug und lassen Enttäuschung nachklingen.
Die Takte 30/ 31 entsprechen den Takten 26 und 27.
Als Ironie auf erhoffte, jetzt entschwundene Liebe wirken die akzentuierten Akkorde der Takte 56 und 57, 58 und 59, 62 und 63 textausdeutend.

4. Die Takte *7 bis 11* beinhalten zwei Melodie-Linien mit abfallendem Duktus; dabei ist der Leitton *cis* ausgespart. Das suggeriert eine Haltung des Sich-Abfindens: Die Isoliertheit durch die umgebende Fremde wird schicksalhaft angenommen. Die Stelle in der dritten Strophe »Was soll ich länger weilen [...]« beginnt zwar zweimal abfallend, wird jedoch, durch den aufsteigenden Duktus und den Leitton verstärkt, aufgefangen.
Eine Haltung des Sich-Sträubens und Sich-Aufbäumens im Text, eine kritische Selbstanalyse durch Frage und Antwort sind wohl Gründe einer Veränderung.

5. Die *Melodie der vierten Strophe* ist nach Dur gewendet. Aber nicht nur die Wendung nach Dur schafft ein völlig neues Klangbild; ausschlaggebend ist das jetzt pentatonische Tonmaterial, das der abgewandelten Melodie einen leichten, schwebenden Charakter verleiht.
Sicher mag für SCHUBERT der Gedanke mitgeschwungen haben, daß die schicksalhaft Geliebte hier zum ersten Mal direkt angeredet wird, dadurch muß ein neues Licht aufgesetzt, ein neuer Ton angeschlagen werden.

6. Verknüpfungsstrukturen:
   - Stütze: z. B. Takte 7-9
   - Anteilnahme: z. B. Takte 10, 16
   - Verschmelzung: z. B. Takte 26-33

7. Der *Nachhall* ereignet sich zweimal notengetreu, jedoch verborgen. Er ist in die Harmonie der fortschreitenden Achtel eingebettet: Zum ersten Mal in der linken Hand (Baß/Tenor), dann in der rechten (Altlage).
Die ständig tiefer absinkende Erinnerung an das Vorausgegangene deutet auf das ermüdende Weiterwandern, das sich in der Tiefe und Lautlosigkeit (*p-pp* dimin.) verliert.

**Zu Arbeitsblatt 22/3** (s. Aufgaben S. 60)

1. Die *beiden ersten Verspaare* mit dem Ambitus einer Quart haben die ›Sonnen‹ zum Inhalt.
Im *dritten Verspaar* mit dem Ambitus einer Quinte werden die Sonnen angeredet; es vollzieht sich eine Steigerung. Die Vertonung des *vierten Verspaares* entspricht in etwa dem um eine kleine Terz von A nach C transponierten Anfangsvers: Das führt zu einem Aufbäumen und Abstieg auf kurzem Raum (Takte 20 bis 23) und zum Ambitus einer Sext.
Das *letzte Verspaar* hat Resignation zum Inhalt (vgl. Anfang) und fällt in den Ambitus einer Quarte zurück.

2. Die ständig präsente *rhythmische Figur* vollzieht sich in mäßig langsamem Tempo. Durch die Betonung der zweiten Zählzeit, | ♪♪ ♩. ♪ | hervorgerufen durch ihre Dauer und mit eigenem Akkord versehen, wirkt sie feierlich - schreitend. Sie erinnert an den Schreitrhythmus einer Sarabande und kann als adelig-wehmütige Lebewohl-Geste eines in sich gebrochenen Gehens gedeutet werden (vgl. Georgiades, a. a. O., S. 387).

**Zu Arbeitsblatt 22/5** (s. Aufgaben S. 62)

3. Auffällige Merkmale sind:
   - Dieses dritte Verspaar beginnt erst nach einer Pause, die uns hier in der Klavierbegleitung zum ersten Mal begegnet.
   - Die Stelle hat rezitativischen Anklang: Stützakkorde unter quasi parlando gesungenem Text.
   - Zum ersten Mal erklingen Achtelbewegungen.
     (Die einzige Reminiszenz an Vorausgegangenes ist die Triole in Takt 16; vgl. Takte 7 und 12.)
   - Die beiden Verszeilen sind sprachlich durch Ausrufezeichen getrennt und werden auch getrennt vertont. Trotzdem werden sie durch eine kürzere Pause getrennt als alle übrigen (1, 2, 4 und 5).
   - Die Zeilen (Verse) schließen auf der Zählzeit 1; sie bilden dadurch deutliche Einschnitte. Die Klavierbeglei-

*Klavier- und Orchesterlied – Melodram*

## Lösungen – Hinweise

tung überbrückt diese Einschnitte mit Achtelrepetitionen, abgeleitet aus der von Resignation geprägten, rezitativischen Singstimme (Takt 16).
– Harmonisch pendelt die Stelle zwischen Tonika (a-Moll) und Dominante (E-Dur).
Der Grund dieser so auffällig komponierten Stelle ist die unmittelbare Anrede der Sonnen.

4. Takte 1-4:
Das Klavierspiel ist eine Vorwegnahme von Singstimme und Begleitsatz des ersten Verspaares. Unterschiedlich sind der Sextsprung aufwärts zu Beginn (= Ambitus der gesamten Gesangsstimme!), ferner die Doppelschlagverzierung in Takt 3, die in etwa der Triolenbildung der Gesangsstimme in Takt 7 entspricht.

Takte 8-9:
Es ist nur *ein* eingefügter Takt, der die beiden vom Inhalt her zusammengehörenden Verspaare verbindet. Musikalisch nimmt er den vorausgegangenen Takt auf, bereichert die Melodie durch Oberterzen und leitet im *mf* über zum Beginn des nächsten, im *forte* gehaltenen Verspaares.

Takte 13-15:
Erstes Zwischenspiel im forte mit erstmalig melodisch aufwärtssteigender Sekundfigur (♪ ♪).
Hier findet eine Zusammenfassung der Gegenüberstellung von A-Dur zu fis-Moll statt; gleichzeitig dient dieses Zwischenspiel als gliedernder Einschnitt vor der nachfolgenden rezitativischen Stelle.

Takte 23-25:
Das Zwischenspiel setzt in seiner Oberstimme den Abstieg der vorausgehenden Gesangsstimme fort, indem dieser zunächst im *pp* aufgenommen wird (*c' - h - a*), und über *gis - a - d* bereits auf der Zählzeit ›1‹ die Dominante *E* erreicht.

Takte 19-32:
Das Nachspiel ist eine Wiederaufnahme des Zwischenspiels Takte 13 bis 15. Noch ein Takt wird in *pp* angefügt - »wie die ›dritte Sonne‹« (Th. Georgiades, a. a. O., S. 389).

5. Die melodische Linie verbindet in den Takten 1 und 2 die erste und zweite Zählzeit durch tonwiederholende Vorwegnahme des Sechzehntels mit abfallendem Sekundschritt. Dabei wird der Rhythmus durch die Akkorde mitübernommen.
In den Takten 3 und 4 finden sich zwei abfallende Sekundschritte, das Sechzehntel dient hier als melodische Durchgangsnote. Dadurch entsteht eine Gliederung von 2 + 2 Takten. Die beiden ersten Takte haben schwebenden Charakter (auf dem Ton *cis'*); der Takt 3 steigt zur Tonika hinab, Takt 4 wiederholt das Absteigen. Die überwiegend fallenden Sekundschritte auf betonter Zählzeit, denen aufsteigende Sekundschritte auf unbetonter Zählzeit gegenüberstehen - Mühsal suggerierend - vermitteln am Ende des Zyklus den Eindruck der Trauer und des endgültigen Aufgebens letzter Hoffnungen an die Geliebte.

6. Das Lied ist geprägt durch einen in Baßschlüssellage gehaltenen Klaviersatz und gemahnt an Männerchor- oder Waldhörnerklang.
Die besondere Akkordfärbung in Takt 28 (III[6], jedoch nach Dur gewendet) kommt überraschend, da die vorausgegangenen Parallelstellen als V[7] mit Vorhalt erklingen (Takte 3, 7), während Takt 12 innerhalb von fis-Moll als Dur-Dominante mit Vorhalt erklingt.
Das *Dunkel* wird musikalisch als Irrealität und letzter Ausweg der Selbsttäuschung gedeutet, eine Qualität, deren die Sprache allein nicht fähig ist.

**Hugo Wolf: Nr. 24, ›In der Frühe‹**

*Klavier- und Orchesterlied – Melodram*

Arbeitsblatt 23/1

Der Text:

### In der Frühe

Kein Schlaf noch kühlt das Auge mir,
dort gehet schon der Tag herfür
an meinem Kammerfenster.
Es wühlet mein verstörter Sinn
noch zwischen Zweifeln her und hin
und schaffet Nachtgespenster. –
Ängst' ge, quäle
dich nicht länger, meine Seele!
Freu' dich! Schon sind da und dorten
Morgenglocken wach geworden.

*(Eduard Mörike)*

**Aufgaben**

1. Welche Wirkung übt dieses Gedicht auf Sie aus?

2. Suchen Sie nach den Wirkungsursachen im Text, und interpretieren Sie das Gedicht anhand folgender formaler Merkmale mit ihrer Beziehung zum Inhalt.

|  | Teil 1 | Teil 2 |
|---|---|---|
| a) Textgliederung |  |  |
| b) Metrik |  |  |
| c) Reimstruktur |  |  |
| d) Klanggestaltung |  |  |

*Klavier- und Orchesterlied – Melodram*

## Hugo Wolf: Nr. 24, ›In der Frühe‹

Arbeitsblatt 23/2

**In der Frühe**

*Hugo Wolf*
*(komponiert am 5.5.1888)*

**HB 46**

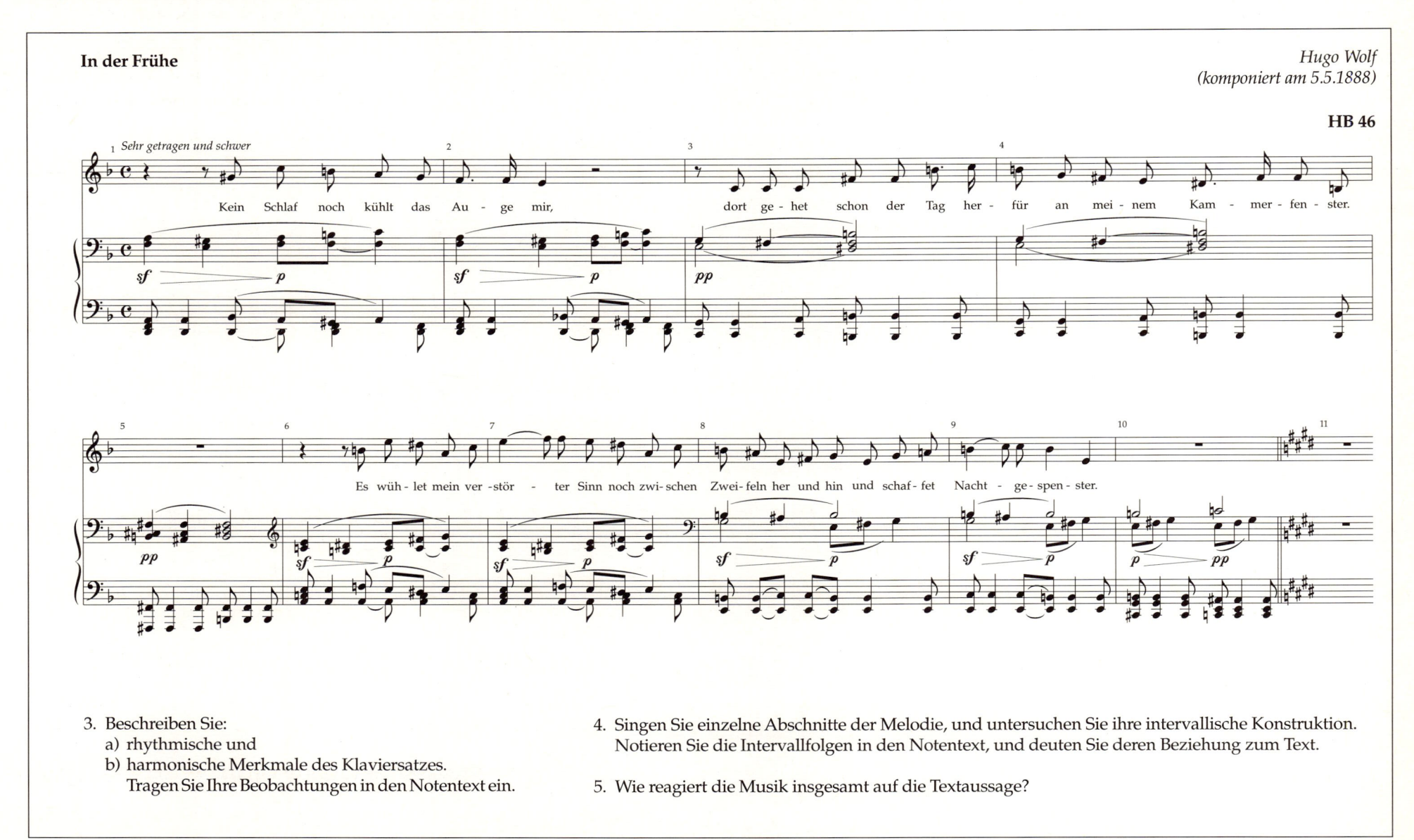

[Notenbeispiel: Takte 1–11, Sehr getragen und schwer]

Text: Kein Schlaf noch kühlt das Auge mir, dort gehet schon der Tag herfür an meinem Kammerfenster. Es wühlet mein verstörter Sinn noch zwischen Zweifeln her und hin und schaffet Nachtgespenster.

3. Beschreiben Sie:
   a) rhythmische und
   b) harmonische Merkmale des Klaviersatzes.
   Tragen Sie Ihre Beobachtungen in den Notentext ein.

4. Singen Sie einzelne Abschnitte der Melodie, und untersuchen Sie ihre intervallische Konstruktion. Notieren Sie die Intervallfolgen in den Notentext, und deuten Sie deren Beziehung zum Text.

5. Wie reagiert die Musik insgesamt auf die Textaussage?

*Klavier- und Orchesterlied – Melodram*

# Hugo Wolf: Nr. 24, ›In der Frühe‹ (Fortsetzung)

**Arbeitsblatt 23/3**

6. Beschreiben Sie die Beziehung zwischen der Textaussage und der Wirkung der Musik.

7. Welche harmonischen und melodischen Mittel setzt Wolf ein, um den Text musikalisch auszudrücken? Tragen Sie die Harmoniebezeichnungen und die Intervalle in den Notentext ein.

8. Vergleichen Sie die Melodik der Takte 11-22 mit den melodischen Gestalten der ersten 10 Takte.

9. Vergleichen Sie die Takte 1-10 (A 23/2) mit den Takten 11-22. Welches kompositorische Element bleibt in beiden Teilen erhalten? Wie läßt es sich jeweils deuten?

*Klavier- und Orchesterlied – Melodram*

# Hugo Wolf: Nr. 24, ›In der Frühe‹

Arbeitsblatt 23/4

**Choral: »Wie schön leuchtet der Morgenstern« (1599)**

Kein Schlaf noch
Es wüh- let

1.-2. { Wie schön leuch-tet der Mor-gen-stern voll Gnad und Wahr-heit von dem Herrn, die sü-ße Wur-zel Jes- se!
Du Sohn Da-vids aus Ja-kobs Stamm, mein Kö-nig und mein Bräu-ti-gam, hast mir mein Herz be-ses-sen; }

Äng-st'ge

lieb- lich, freund- lich, schön und herr- lich, groß und ehr- lich, reich an Ga- ben, hoch und sehr präch- tig er- ha- ben.

FRITZ TSCHIRCH, S. 71:

»Die strophische Gestalt unseres Gedichtes ist nicht frei aus dem Erlebnis heraus gewachsen, der vierundzwanzigjährige Pfarrer Mörike hat sie dem Formbestand des evangelischen Kirchenliedes entnommen. Mit ihr wiederholt er die Form zweier der bedeutendsten und verbreitetsten unter ihnen, Philipp Nicolais (1556-1608) ›Wie schön leuchtet der Morgenstern‹ und Michael Schirmers (1606-1673) Pfingstlied ›O heil'ger Geist kehr bei uns ein‹ (mit der gleichen Melodie).«

HANS-HENRIK KRUMMACHER, S. 286:

»Die Endfassung [MÖRIKES] löst sich vom Reimschema der Kirchenliedstrophe, die als sinnvolles, wenngleich von vornherein nicht ganz streng durchgehaltenes Muster dem Gedicht zugrunde liegt.«

10. Überprüfen Sie die Beobachtungen der Literaturwissenschaftler TSCHIRCH und KRUMMACHER, indem Sie über die Choralmelodie die Textsilben des MÖRIKEgedichtes notieren.
    Versuchen Sie, den MÖRIKE-Text mit den Tönen der Choralmelodie zu singen.
    Wie wirkt dieses Experiment?

11. Wo treten bei der Silbenverteilung Schwierigkeiten auf?

12. Wie deuten Sie den inneren Zusammenhang zwischen dem Morgenchoral und dem MÖRIKE-Gedicht?

*Klavier- und Orchesterlied – Melodram*

# Lösungen – Hinweise

**Zu Arbeitsblatt 23/1** (s. Aufgaben S. 65)

I. Textinterpretation

2. a): Dieses Gedicht gibt die Qualen einer in seelischer Spannung durchwachten Nacht und die Erlösung durch den anbrechenden Morgen mit seinem tröstlichen Glockengeläute wieder. Der Unruhe und Schlaflosigkeit schildernde Teil besteht aus sechs Zeilen, die im zweiten Teil eintretende Beruhigung umfaßt nur vier Zeilen. Beide Teile sind in sich zweigegliedert.
Die *Zeilen 1-3* zeichnen den äußeren Zustand des Menschen, der keinen Schlaf gefunden hat; die Zeilen 4-6 skizzieren die seelische Not des Leidenden.
Im *zweiten Teil* folgt nach dem innere Befreiung verkündenden Anruf (Zeilen 7-8) die Wirkung des erlösenden Morgenglockenklanges (Zeilen 9-10). Das Klangsymbol der zum Morgengebet gerufenen Christengemeinde bannt die zerstörerisch wirkenden Schatten der Nacht und macht der gequälten Seele ihre Geborgenheit in Gott gewiß.

2. b-d): Dem inhaltlichen Aufbau des Gedichtes entspricht die *metrische Gestaltung*.
»Der entscheidende Umschwung in der seelischen Gestimmtheit wird durch die metrische Sonderstellung der Zeile 7 unmittelbar sinnfällig: ihre Zweihebigkeit gegenüber der durchgängigen Drei- und Vierhebigkeit der übrigen Zeilen verlangsamt den metrischen Fluß so notwendig, daß man spürt: hier setzt Neues an«. (TSCHIRCH, S. 68)
Auch die *Reimstruktur* ist zweigliedrig: der umschließende Reim 3/6 bindet die beiden Paarreime 1/2 und 4/5 mit sich selbst zu der festen Einheit von Teil 1 zusammen; ihr stehen die Paarreime 7/8 und 9/10 als deutlich abgesetzter Teil 2 gegenüber. Unsicher wirkt der auftaktige Beginn der Zeilen 1-6; kraftvoll sind hingegen die Hebungen der Zeilen 7-10.
Die Bedrohung der nächtlichen Ängste äußert sich in der Härte der stumpfen Versausgänge, die in Teil I überwiegen (mir: für; Sinn: hin); der seelischen Befreiung von den Ängsten der Nacht korrespondieren die schwingenden weiblichen Kadenzen in Teil 2 (quäle: Seele; dorten: geworden).
Auch die *Klanggestaltung* des Textes füllt den inhaltlichen Kontrast des Gedichts: bedrohliche ›o‹-Laute in Zeile 1 und 2 (n<u>o</u>ch, d<u>o</u>rt, sch<u>o</u>n); spitze und gebrochene Vokale (e, i, ö, u) in Zeile 4 und 5 signalisieren in ihrer Verbindung mit scharfen Zischlauten (zw, st) sich steigernde Unruhe (wühlt; verstörter Sinn; zwischen Zweifeln; her; hin). Die Ängstigungen spitzen sich zu in ›ä‹- und ›e‹-Lauten (<u>Ä</u>ngst'ge, qu<u>ä</u>le; l<u>ä</u>nger; S<u>ee</u>le). Harmonisch wirken hingegen das strahlende ›eu‹ (Fr<u>eu</u> dich!) und die nun wie volltönige Glocken wirkenden Vokale der Hebungssilben (sch<u>o</u>n sind d<u>a</u> und d<u>o</u>rten, M<u>o</u>rgenglocken w<u>a</u>ch gew<u>o</u>rden). (Zum weiteren Verständnis, s. ›Choralvorlage‹, Arbeitsblatt 23/4, Seite 68.)

**Zu den Arbeitsblättern 23/2 - 23/3** (s. Aufgaben S. 66f.)

II. Komposition

7. Das in seiner bildlichen Anschaulichkeit geradezu szenisch entworfene Psychogramm zerfällt im Gedicht in zwei ungleich lange Teile (s. o.). WOLF gelingt es, dieses metrisch so unregelmäßige Gedicht in eine musikalisch kontrastreiche Einheit für ›Singstimme und Klavier‹ zu binden.
Erstens erweitert er den zweiten kürzeren Teil durch eine verbreiterte Deklamation zu einer dem ersten Teil entsprechenden Länge:
»Es kommt vor, daß Versbau und musikalische Form gänzlich divergieren, wobei aber wiederum die letztere in ihrer Plan- und Regelmäßigkeit die primäre Konzeption darstellt. So ordnet WOLF im 2. Teil des Liedes ›In der Frühe‹ zwei Verszeilen einer Sequenz der Klavierstimme mit mediantischen Rückungen in folgender Weise unter: Freu' dich! Schon sind (G-Dur, 2 Takte), da und dorten Morgen- (B-Dur, 2 Takte) glocken wachge- (D-Dur, 2 Takte) worden (D-Dur, 3 Takte)« (EPPSTEIN, S. 16).

3.-9. Zweitens stellt WOLF durch ein gleichbleibendes Motiv in der Klavierbegleitung, zuerst in Moll, dann in Dur, den Kontrast zwischen der qualvollen Nacht und dem erlösenden Morgen spontan erfaßbar dar. Dieses Motiv, das sich ab- und aufsteigend innerhalb weniger Tonschritte bewegt, ist so gekonnt gewählt, daß es im ersten Teil in Moll ebenso deutlich die Angst, wie im zweiten Teil in Dur die Klangwellen der Morgenglocken wiederzugeben vermag. Die Deklamationsrhythmik der Singstimme (A 23/2, Aufgabe 4) greift das absteigende *Gis* des Klaviermotivs auf, steigt zuerst zur verminderten Quarte *c"* empor und dann in den Tönen der absteigenden harmonischen a-Moll-Skala abwärts. Die Melodie macht in den Worten »dort gehet schon« einen unheimlich wirkenden Schritt von *c'* nach *fis'*, und die Harmonie folgt ihr in die Oberdominante von e-Moll nach H-Dur. Die zweite Hälfte des ersten Teils (Takt 6) beginnt in a-Moll; das absteigende *Dis* des Motivs weist auf die nun vorherrschende Tonart e-Moll. Als Überleitung zum zweiten Teil bedarf es nur eines einzigen Taktes, der schon in Dur gehalten ist. Über einem drei Takte anhaltenden Orgelpunkt *E - H* erklingt nun das Motiv in strahlendem E-Dur. Darüber spannt sich, nun nicht mehr »Sehr getragen und schwer«, sondern »innig und zart« eine weitgedehnte Melodie, deren reine Quarten in deutlichem Kontrast zu den übermäßigen Tonschritten des ersten Teiles stehen (A 23/3, Aufgabe 7).

**Zu Arbeitsblatt 23/4** (s. Aufgaben S. 68)

11. Die *Choralwendung* »reich an Gaben« (♩ ♩ ♩ ♩) müßte mit der Textunterlegung »Freu' dich! Schon sind da und dorten« so rhythmisiert werden (vgl. CASPARI, S. 766):

(♪ ♪ ♪ ♪ ♩ ♩ ♩ ♩)

## Lösungen – Hinweise

12. Die religiöse Grundüberzeugung des Dichters knüpft am Formausdruck der Choralmelodie an. Dieser künstlerische Prozeß drückt die Hoffung aus, daß sich auch der angstgequälte und sich selbst verlierende Mensch in Gottes Geborgenheit wiederfinden kann an jedem neuen Tag.

**Weitere didaktische Anregungen**
1. Vergleich mit der Orchesterfassung (Leihmaterial Peters).
2. Vergleich mit der Fassung von PETER JONA KORN, op. 24, Simrock, Elite-Edition 3236.
3. Vergleich mit der Vertonung MAX REGERS (Noten z. Zt. vergriffen); die Vertonung von OSKAR STRAUS ist wohl bisher nicht gedruckt worden.
4. Weitere Mediantenmodulationen finden sich in folgenden WOLF-Liedern: »Und steht Ihr früh am Morgen auf«, »Ganymed«, »Morgenstimmung«.
5. Vergleich der Mediantenverbindung mit den Takten 374 und 375 im ersten Satz der Sinfonie Nr. 4 von GUSTAV MAHLER (vgl. Caspari, S. 767).

**Noten**
HUGO WOLF: »Mörike-Lieder II« (hohe Stimme), Edition Peters Nr. 3141 a
CHORALBUCH zum evangelischen Gesangsbuch für Rheinland und Westfalen, Dortmund 1950, S. 222

**Literatur**
BERNHARD BÖSCHENSTEIN: Zum Verhältnis von Dichtung und Musik in Hugo Wolfs Mörikeliedern, in: Wirkendes Wort 19, Heft 3, S. 175-193; 1969
ROLF CASPARI: Historische Orientierung im Dur-Moll-System, in: Musik und Bildung 10, S. 755; 1988
HERMANN DANUSER: Musik und Prosa; Regensburg 1975
RITA EGGER: Die Deklamationsrhythmik Hugo Wolfs in historischer Sicht; Tutzing 1963
HANS EPPSTEIN: Zum Schaffensprozeß bei Hugo Wolf, in: Mf, S. 4-20; 1984
HANS-HERWIG GEYER: Hugo Wolfs Mörike-Vertonungen, Reihe ›Kieler Schriften zur Musikwissenschaft‹, Bd. 39; Kassel 1991
HANS-HENRIK KRUMMACHER: Mitteilungen zur Chronologie und Textgeschichte von Mörikes Gedichten, in: Jahrbuch der Deutschen Schiller-Gesellschaft 6, S. 253-310; 1962
ANTON TAUSCHE: Hugo Wolfs Mörike-Lieder, in Dichtung, Musik und Vortrag; Wien 1947
CHRISTIAN THORAU: ›In der Frühe‹, Mörikes ›Zeit‹ in Hugo Wolfs Musik, in: Musik-Konzepte Nr. 75, Hugo Wolf, hrsg. von Heinz-Klaus Metzger und Reiner Riehn, S. 83-101; München 1992
FRITZ TSCHIRCH: Mörike: In der Frühe, in: DU 1, Heft 2-3, S. 65-73; 1948/49

*Klavier- und Orchesterlied – Melodram*

# Gustav Mahler: ›Ich bin der Welt abhanden gekommen‹ Arbeitsblatt 24/1

**A** Friedrich Rückerts Gedicht »Ich bin der Welt abhanden gekommen« in Mahlers Version seines fünften der »Sieben Lieder aus letzter Zeit« für Gesang und Orchester aus dem Jahre 1901:

1. Ich bin der Welt abhanden gekommen,
   mit der ich sonst viele Zeit verdorben,
   sie hat so lange nichts von mir vernommen,
   sie mag wohl glauben, ich sei gestorben!

2. Es ist mir auch gar nichts daran gelegen,
   ob sie mich für gestorben hält.
   Ich kann auch gar nichts sagen dagegen,
   denn wirklich bin ich gestorben der Welt.

3. Ich bin gestorben dem Weltgetümmel
   und ruh' in einem stillen Gebiet!
   Ich leb' allein in meinem Himmel,
   in meinem Lieben, in meinem Lied.

*(Friedrich Rückert)*

**B** Acht Texte zum Verständnis des Liedes und der Weltanschauung Gustav Mahlers

1. Das Lied gehört zu den zehn ›Rückert-Liedern‹, die Mahler in den Jahren 1900/1901 komponierte. Natalie Bauer-Lechner berichtet von Mahlers Arbeit in seinem Haus am Wörther-See im Sommer 1901:

   »Nachdem Mahler schon seine heurige Ferienarbeit abgeschlossen hatte, um die letzten paar Tage der Erholung zu widmen, ergriff ihn noch die Komposition des letzten, gleich anfangs geplanten, aber zu Gunsten der V. Symphonie liegen gelassenen Rückertschen Gedichts: ›Ich bin der Welt abhanden gekommen‹. Mahler selbst sagte über die ungemein erfüllte Art dieses Liedes: ›Es sei Empfindung bis in die Lippen hinauf, die sie aber nicht übertritt! Auch sagte er: das sei er selbst!‹«
   (zit. nach Hans Heinrich Eggebrecht, S. 273, 274)

2. Mahlers Änderungen gegenüber dem Original von Rückert:
   – *3. Vers*
   Rückert: ›so lange von mir nichts‹,
   Mahler: Betonung des Wortes ›nichts‹.
   – *9. Vers*
   Rückert: ›Weltgewimmel‹.
   – *11. Vers*
   Rückert: ›Ich leb' in mir und meinem Himmel;
   Mahler: Verstärkung des ›allein‹.
   – *Verse 4, 10*
   Mahler: Hinzufügung der Ausrufungszeichen.

3. Michael Johannes Oltmann:
   »Jahrhundertwende, Zeit des Zerfalls des k. u. k. Reiches, [...] Zeit wachsender sozialer Konflikte und zugleich Zeit einer nie gekannten wirtschaftlichen Prosperität und eines nationalen Selbstvertrauens in allen deutschen Monarchien, die den nahenden Untergang der ›guten alten Zeit‹ zu ignorieren scheint. Dahinein fallen Kunstprodukte der Beschönigung und eines ungebrochenen Fortschrittsglaubens, Richard Strauss' Heldenleben und ›Zarathustra‹, solche der nachtristanischen, romantischen Unerfülltheit, wie die letzten Bruckner-Symphonien und Schönbergs ›Verklärte Nacht‹, und solche von Rückzug und Resignation, Bilder, die, alle kollektivistische Euphorie und postromantisches Wähnen hinter sich lassend, das Schicksal des Individuums, sein Leiden und seine Erfüllung, als unmittelbarste Äußerung menschlichen Lebens erkennen: zu ihnen gehören Mahlers ›Tambourg'sell‹ und ›Ich bin der Welt abhanden gekommen‹«.
   (Michael Johannes Oltmann, S. 69)

4. Anton von Webern erwähnt in seinem Tagebuch:
   »Mahler sagte: ›Nach des ›Knaben Wunderhorn‹ kann ich nur mehr Rückert machen – das ist Lyrik aus erster Hand, alles andere ist Lyrik aus zweiter Hand‹.«

5. Reinhardt Gerlach:
   »Mahler setzte den Rang der Rückertschen Poesie höher an, als man es für gewöhnlich tut. Es könnte immerhin sein, daß Mahler weniger die Sprachform als den sprachlichen Gehalt meinte. So las er wohl das heraus, was ihn seit dem Beginn des neuen Jahrhunderts am meisten beschäftigte: den Untergang der klassisch-romantischen Sympathie, die er noch Liebe nannte«.
   (Reinhardt Gerlach, S. 120)

6. Alma Mahler:
   »Mahler hat, wie es mir scheint, der Musik einen ganz neuen Wert entdeckt: den ethisch-mystischen Menschen. Er hat die musikalische Darstellungswelt, die bis dahin Liebe, Krieg, Religion, Natur, Humanität zum Inhalt hatte, um den einsamen Menschen bereichert, der unerlöst auf dieser Erde durch das Universum kreist. Er hat die Dostojewskij-Frage an das Leben musiziert: ›Wie kann ich denn glücklich sein, wenn irgendwo ein anderes Geschöpf noch leidet?‹« (Vorrede zu den Briefen, 1942, zit. nach Wolfgang Schreiber, S. 169)

*Klavier- und Orchesterlied – Melodram*

# Gustav Mahler: ›Ich bin der Welt abhanden gekommen‹     Arbeitsblatt 24/2

7. Gustav Mahler schrieb im Mai 1905 aus Graz an Alma Mahler:
»Ich genieße es ordentlich, daß Du so ›der Welt abhanden gekommen‹ bist [mit Sicherheit im Blick auf ihre Beschäftigung mit Musik und Dichtung während seiner Abwesenheit, vermutet Eggebrecht]. Da kommt doch immer der echte Mensch heraus (natürlich, wenn ein solcher drin stak)«.
(zit. nach Hans Heinrich Eggebrecht, S. 275)

8. Hans Heinrich Eggebrecht:
»Vollkommen sicher ist, daß Mahler das Wort ›Lied‹ in Rückerts Gedicht (›Ich leb' allein in meinem Lieben, in meinem Lied‹) als sein kompositorisches Schaffen auffaßte und daß er das ganze Gedicht im Sinne der Entrückung, des Versinkens in die Welt der Kunst verstand, wobei Lieben und Lied unter dem Oberbegriff Himmel unlöslich zusammengehören und in ihrer Hingabe an das Leiden der Welt die Liebe es ist, die dem Versinken ins Schöne das Schmerzliche und Traurige beimischt.«
(Hans Heinrich Eggebrecht, S. 276)

**Aufgaben**

1. Unterstreichen Sie im Gedicht wichtige Begriffe und Wendungen, und geben Sie den Inhalt der Gedichtaussage in eigenen Worten wieder.

2. Vergleichen Sie die Gedichtaussage mit den Texten auf den Arbeitsblättern 24/1 und 24/2, und markieren Sie in den Texten die Passagen, die die Gedichtintention veranschaulichen.

3. Fassen Sie die in den Texten und im Gedicht formulierten Gedanken der Weltanschauung Mahlers zusammen.

*Klavier- und Orchesterlied – Melodram*

# Gustav Mahler: ›Ich bin der Welt abhanden gekommen‹

**Arbeitsblatt 24/3**

Takte 1-14:

HB 47

4. Der musikalische Sinnträger, die Hauptsubstanz des Liedes, woraus fast alle Motive dieser Komposition abgeleitet werden, wird vor allem am Anfang und am Ende dieses Orchesterliedes hör- und erkennbar. Überprüfen Sie diese These an den Kompositionsausschnitten auf den Arbeitsblättern 24/3 und 24/4. Beschreiben Sie dieses Kompositionsmittel, und markieren Sie dieses Element in der Partitur. Machen Sie sich singend und instrumental musizierend mit dieser Motivik vertraut.
5. Die Ausdrucksbezeichnungen in der Partitur umschreiben den Empfindungsgehalt der Musik. Notieren Sie diese Vortragsbezeichnungen (s. Partitur).
6. In welchem Rahmen bewegt sich die Dynamik dieser Komposition? Nehmen Sie nach Möglichkeit die Partitur zu Hilfe (s. auch A 24/4).

Klavier- und Orchesterlied – Melodram

# Gustav Mahler: ›Ich bin der Welt abhanden gekommen‹

Arbeitsblatt 24/4

Takte 48-67:

7. Wo erklingt im Stimmengewebe des Nachspiels (T. 59-67) der fallende Ganztonschritt?
8. Welchen Textabschnitt der Singstimme zitieren das Englischhorn und die Violinstimme ab Takt 59ff.?
9. Die Instrumentierung, wie sie im Wechsel vom Englischhorn und der ersten Violine in den Takten 59ff. komponiert ist, wird als ›durchbrochene Instrumentation‹ bezeichnet. Was ist darunter zu verstehen?
10. Beschreiben Sie die klangliche Wirkung dieser beiden Instrumente.
11. Welche Bedeutung hat Ihrer Meinung nach das Nachspiel für die ganze Komposition?

Klavier- und Orchesterlied – Melodram

# Gustav Mahler: ›Ich bin der Welt abhanden gekommen‹

Arbeitsblatt 24/5

*Gustav Klimt: Die Erwartung, Lebensbaum und Die Erfüllung, 1905-1911, 200 × 740 cm. © Österreichisches Museum für Angewandte Kunst, Wien (Inv. Nr. Mal 226) – Mit freundlicher Genehmigung*

Spiegelbildlich antwortet der ›Erwartung‹ die ›Erfüllung‹. Der Auftrag des belgischen Industriellen STOCLET erging an JOSEF HOFFMANN und die ›Wiener Werkstätte‹, die dann auch KLIMTS Entwürfe zum Speisesaal-Fries in der Brüsseler Villa ausführte.

12 Vergleichen Sie diesen Jugendstil-Fries mit MAHLERS Kompositionsstil in seinem Orchesterlied ›Ich bin der Welt abhanden gekommen‹. Wo liegen Gemeinsamkeiten und Unterschiede in der Thematik und in der formalen Gestaltung beider Kunstwerke?

**Jugendstil**, international ›Art nouveau‹, bezeichnet eine Stilrichtung in den angewandten Künsten sowie in der Malerei, Bildhauerei, in Dichtung, Musik und Tanzkunst. Die Hauptperiode umfaßt die Zeit vom letzten Jahrzehnt des 19. Jahrhunderts bis um das Jahr 1914. Der linear ornamentale Stil ist geprägt durch flächige Umformungen organischer Gebilde. OTTO ECKMANN schmückte 1896/97 die ersten Jahrgänge der Münchener Zeitschrift »Jugend« mit geschwungenen Verzierungen, die dem Jugendstil seinen Namen gaben.

Klavier- und Orchesterlied – Melodram

# Lösungen – Hinweise

**Zu den Arbeitsblättern 24/1 und 24/2** (s. Aufgaben S. 71f.)

Um den Unterricht zeitlich zu entlasten, machen sich die Schüler/-innen im Rahmen einer Hausaufgabe mit MAHLERS Auffassung des RÜCKERT-Gedichtes vertraut und erhalten durch die Texte ergänzende Anregungen zum Verständnis der Weltanschauung MAHLERS (vgl. zum Gedichtverständnis A 24/1, Strophen 1.-3.: ›der Welt abhanden‹; ›gestorben der Welt und dem Weltgetümmel‹; ›Leb' in meinem Himmel‹, Lieben ›Lied‹; ›seine Empfindung - er selbst‹; ›Leiden und Erfüllung des Individuums‹; ›einsamer Mensch - unerlöst‹; ›echter Mensch‹; ‹Lied = Kompositorisches Schaffen‹; ›Entrückung‹; ›Versunken in die Kunstwelt‹).

**Zu den Arbeitsblättern 24/3 und 24/4** (s. Aufgaben S. 73f.)

Die Arbeitsblätter vertiefen im Rahmen einer Interpretation der ganzen Partitur exemplarisch Anfang und Ende des Liedes als Schlüssel zum Verständnis der Kompositionsidee (vgl. H. H. EGGEBRECHT, S. 273-282).

4. *Musikalische Sinnträger* sind der steigende und fallende Ganztonschritt, insbesondere in der Form steigender und fallender Skalen (Beginn des Vorspiels und Liedbeginn ›Ich bin …‹). Der Liedschluß arbeitet mit dem Ganzton abwärts. Aus diesem Intervall wird eine auf- und absteigende halbtonlose Viertonfolge entwickelt mit ihrem entschwebenden Klanggestus (vgl. ›Ich bin der Welt …‹, T. 12; ›… in meinem Lied‹, T. 58). Der Ganzton abwärts formuliert die Klanggestalten des Schlußes (T. 65-67).

»In dem Augenblick, in dem die Streicher den Schlußklang erreichen, um ihn - vom pp ausgehend - ›ersterben‹ zu lassen, setzt das Englischhorn ein mit dem Vorhalt zur Quinte des Es-Dur-Akkords, dem Ton c', der sich dann einen Ganzton abwärts in die Quinte b des Schlußklanges auflöst.« (EGGEBRECHT, S. 277)

Der Ganzton abwärts verkörpert nach EGGEBRECHT den Empfindungsimpuls des Wehs der Spannung und des Schönen der Lösung, sein Traurig-Schönes.

5. *Ausdrucksbezeichnung*: äußerst langsam und zurückhaltend, espressivo, ruhevoll, zögernd, singend, fließend, schwebend, dolce, innig, ohne Steigerung, verklärt, morendo.

6. *Dynamik*: zwischen *p* und *ppp*, mit Ausnahme der Harfe.

7. *Fallender Ganztonschritt*
   Englischhorn:  T. 59, T. 60-62, T. 66-67;
   1. Violine:    T. 61, 62, 63, 64-65;
   2. Violine:    T. 60;
   Vla.:          T. 60;
   Vlc.:          T. 61, 65, 66;
   KB:            T. 61 (vgl. A 24/3, Aufgabe 4)

8. Zitate: T. 43-44 (›Ich bin gestorben dem Weltgetümmel und ruh' in einem stillen Gebiet!‹ (vgl. A 24/3, Aufgabe 4)

9. ›Durchbrochene Instrumentation‹ beschreibt in Anlehnung an ›durchbrochene Arbeit‹ die Darstellung eines Motivs durch verschiedene Instrumente.

10. *Klangliche Wirkung*
BERLIOZ beschreibt den Klang des Englischhorns als schwermütig, träumerisch, edel, etwas verschwommen, gleichsam aus der Ferne kommend, so daß Gefühle der Abwesenheit, der Vergessenheit, der schmerzlichen Vereinsamung entstehen.
MAHLER charakterisiert den Klang der Violinen als beruhigend und beseligend.

11. *Nachspiel*
»Die letzten neun Takte sind formal zwar Nachspiel, zugleich der unverzichtbare Höhepunkt des Liedes, der dessen Textaussage im Medium der Instrumentalmusik eigenständig gesteigert zusammenfaßt. […] Die Empfindungsaussage des Gedichts: Versunkenheit ins Traurig-Schöne, Emphase des Abhandenkommens, verklärtes Ersterben des Willens, ist in dem Nachspiel verstehbar auch ohne den Gedanken an den Text.«
(EGGEBRECHT, S. 280)

**Zu Arbeitsblatt 24/5** (s. Aufgaben S. 75)

12. Beide Kunstwerke verkörpern Lebenserfüllung in weltabgewandter Liebesharmonie (KLIMT), bzw. Erfüllung in der Abgeschiedenheit der Innerlichkeit des eigenen Himmels (MAHLER). Stilistisch werden beide Kompositionen durch jeweils ein dominierendes Element geprägt: Ganztonmotivik (MAHLER) und Lebensbaumspiralornament (KLIMT) verbinden alles mit allem und lassen Ausdruckswelten entstehen, die sich vom ›Weltgetümmel‹ abheben.

## Noten
GUSTAV MAHLER: 24 Songs, Volume IV, International Music Company, New York, Nr. 1234, Klavier und Gesang

## Literatur
THEODOR W. ADORNO: Mahler, eine musikalische Physiognomie; Frankfurt a. M. 1985
ELISABETH MARY DARGIE: Music and Poetry in the songs of Gustav Mahler; Diss. University of Aberdeen, 1979
HANS HEINRICH EGGEBRECHT: »Die Musik Gustav Mahlers«; München 1982
REINHARDT GERLACH: Strophen von Leben, Traum und Tod; Wilhelmshaven 1982
ALMA MAHLER: Gustav Mahler, Erinnerungen und Briefe; Frankfurt 1971
MICHAEL OLTMANN: ›Ich bin der Welt abhanden gekommen‹ und ›Der Tamboursg'sell‹ – Zwei Liedkonzeptionen Gustav Mahlers, in: AfMw 43, S. 69-88; 1986
WOLFGANG SCHREIBER: Mahler; Hamburg 1971
MONIKA TIBBE: Lieder und Liedelemente in instrumentalen Symphoniesätzen Gustav Mahlers; München 1971
SUSANNE VILL: Vermittlungsformen verbalisierter und musikalischer Inhalte in der Musik Gustav Mahlers; Band 6 der Frankfurter Beiträge zur Wissenschaft
THOMAS ZAUNSCHIRM: Gustav Klimt, Margarete Stonborough-Wittgenstein; Frankfurt 1987

*Klavier- und Orchesterlied – Melodram*

**Arnold Schönberg: Nr. 3, ›Der Dandy von Bergamo‹ (Pierrot lunaire)**  Arbeitsblatt 25/1

# Arnold Schönberg: Lieder aus »Pierrot lunaire«
## Melodram

ARNOLD SCHÖNBERG (1874-1951) vertonte 1912 für die Schauspielerin ALBERTINE ZEHME einen Zyklus von 21 Melodramen nach Gedichten aus dem »Pierrot lunaire« von ALBERT GIRAUD in der deutschen Nachdichtung von OTTO ERICH HARTLEBEN (1864-1905).

*Pierrot*, Schlüsselfigur des *Fin de Siècle* (Jahrhundertwende), diente einer elitären Künstlerschicht des Jugendstils als Protestfigur gegen Kunstanschauung und Trivialität ihrer Zeit.

Hinter der Rolle der altitalienischen ›Commedia-del-Arte-Figur‹ (ital. Stegreifkomödie) verbirgt sich als Künstlertyp der ›Dandy‹, als literarische Figur ein Programm, das sich gegen den als desillusionierend empfundenen Naturalismus (lit. Strömung 1880-1900) wendet.

Der Text: HB 48

**Nr. 3: »Der Dandy«**

*Mit einem phantastischen Lichtstrahl*
*erleuchtet der Mond die krystallnen Flacons*
*auf dem schwarzen, hochheiligen Waschtisch*
*des schweigenden Dandys von Bergamo.*
*In tönender, bronzener Schale*
*lacht hell die Fontäne, metallischen Klangs.*
*Mit einem phantastischen Lichtstrahl*
*erleuchtet der Mond die krystallnen Flacons.*
*Pierrot mit dem wächsernen Antlitz*
*steht sinnend und denkt: wie er heute sich schminkt?*
*Fort schiebt er das Rot und des Orients Grün*
*und bemalt sein Gesicht in erhabenem Stil*
*mit einem phantstischen Mondstrahl.*

(Albert Giraud/ Otto Erich Hartleben)

### Aufgaben

1. Welche Züge trägt der »Dandy von Bergamo« in diesem Gedicht?
2. Sprechen Sie das Gedicht. Suchen Sie dabei seinem Ausdruck und seiner ironische Haltung gerecht zu werden.
3. Suchen Sie nach unterschiedlichen Lösungen in der sprachlichen Gestaltung der ersten Strophe (Ausdruck, Sprachmelodie, Betonung, Sprachrhythmus, Sprechtempo …).
4. Gestalten Sie die erste Strophe mit Instrumentalbegleitung als:
   a) freies Melodram, bei dem die Sprechstimme nicht festgelegt ist,
   b) freies Melodram mit rhythmischer Festlegung der Sprechstimme.
   c) Vergleichen Sie Ihre Lösung mit dem Hörbeispiel.

**Melodram**
»Bezeichnung für die Verbindung von gesprochenem Wort und untermalender Begleitmusik […].
Außer der freien, die Sprechstimme überhaupt nicht oder nur rhythmisch festlegenden Form gibt es in moderner Musik das gebundene Melodram, bei dem neben dem Rhythmus die Tonhöhe und Ausspracheweise vom Komponisten vorgeschrieben werden.«
(Schüler-Duden: Die Musik)

Klavier- und Orchesterlied – Melodram

# Arnold Schönberg: Nr. 3, ›Der Dandy von Bergamo‹ (Pierrot lunaire)   Arbeitsblatt 25/2

## Gebundenes Melodram

Die einzelnen Gedichte des Zyklus haben die Form eines Rondels (frz. ›rond‹ = rund). Die beiden ersten Verszeilen werden rondoartig in der Mitte, die erste Zeile am Schluß des Gedichtes wiederholt.

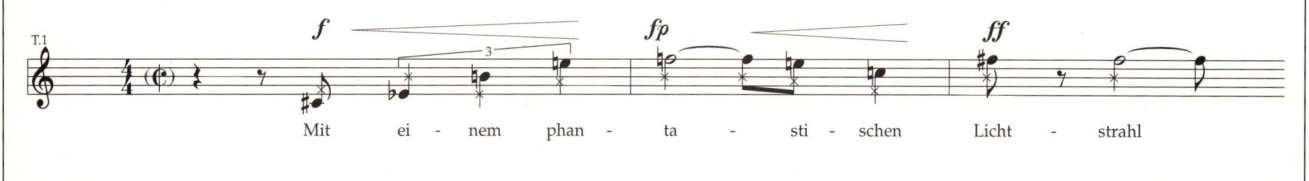

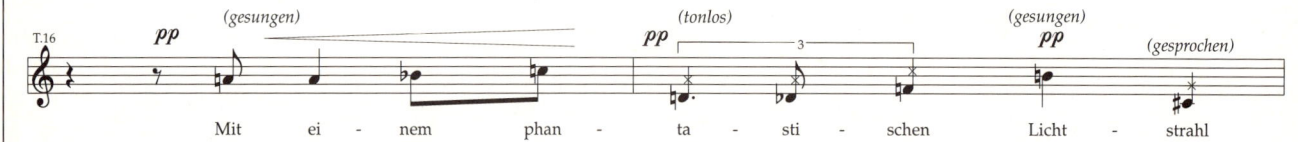

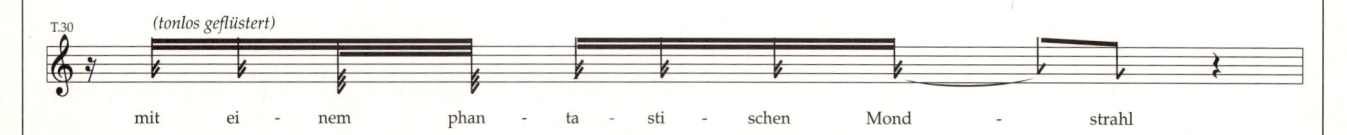

© 1914, 1941 by Universal Edition A. G., Wien – Abdruck mit freundlicher Genehmigung des Verlages.

5. Sprechen Sie die drei Versionen dieser Textzeile:
   a) Versuchen Sie zuerst eine korrekte rhythmische Wiedergabe, bevor Sie
   b) Ihre Sprachmelodie dem ungefähren Tonhöhenverlauf der Beispiele angleichen.

6. Untersuchen Sie die drei Versionen hinsichtlich ihres Wort-Ton-Verhältnisses.

> **Arnold Schönberg: Vorwort zu »Pierrot lunaire«**
> »Die in der Sprechstimme durch Noten angegebene Melodie ist (bis auf einzelne besonders bezeichnete Ausnahmen) nicht zum Singen bestimmt. Der Ausführende hat die Aufgabe, sie unter guter Berücksichtigung der vorgezeichneten Tonhöhen in eine Sprechmelodie umzuwandeln. Das geschieht, indem er
>
> I. den Rhythmus so haarscharf einhält, als ob er sänge, d. h. mit nicht mehr Freiheit, als er sich bei einer Gesangsmelodie gestatten dürfte;
>
> II. sich des Unterschiedes zwischen **Gesangston** und **Sprechton** genau bewußt wird: der Gesangston hält die Tonhöhe unabänderlich fest, der Sprechton gibt sie zwar an, verläßt sie aber durch Fallen oder Steigen sofort wieder. Der Ausführende muß sich aber sehr davor hüten, in eine ›singende‹ Sprechweise zu verfallen. Das ist absolut nicht gemeint. Es wird zwar keineswegs ein realistisch-natürliches Sprechen angestrebt. Im Gegenteil, der Unterschied zwischen gewöhnlichem und einem Sprechen, das in einer musikalische Form mitwirkt, soll deutlich werden. Aber es darf auch nie an Gesang erinnern.«

7. Geben Sie die mittlere Textzeile (T. 16f.) auf einer Tonhöhe mit der geforderten Abstufung zwischen Sprechen und Gesang wieder. Erörtern Sie

   a) die Schwierigkeiten, die sich bei einer Realisierung dieses Werkes ergeben, wenn man SCHÖNBERGS Anweisungen zu folgen versucht,
   b) welche Klangwirkung mit der melodramatischen Sprechweise erzielt wird.

*Klavier- und Orchesterlied – Melodram*

# Arnold Schönberg: Nr. 8, ›Die Nacht‹ (Pierrot lunaire)

**Arbeitsblatt 25/3**

## Passacaglia – entwickelnde Variation

Passacaglia-Thema: **HB 49**

### Aufgaben

1. SCHÖNBERG hat Nr. 8 in die Form einer *Passacaglia* gekleidet.
   a) Welche Kennzeichen einer Passacaglia lassen sich im Stück nachweisen?
   b) Beschreiben Sie das Thema.
   c) Wo taucht das Thema im Stück auf?

Dem Passacaglia-Thema geht eine dreitaktige Einleitung voraus, die sich vereinfacht wie folgt darstellen läßt:

2. a) Aus welchem thematischen Material ist die Einleitung gebildet?
   b) Wie ist dieses Material organisiert?
   c) Welche kompositionstechnische Bedeutung kommt den Einleitungstakten im Stück zu?

In Nr. 8, ›Nacht‹ läßt sich das Verfahren der ›entwickelnden Variation‹, das in SCHÖNBERGS Kompositionen eine bedeutende Rolle spielt, gut studieren.

»Alles Geschehen in einem Musikstück ist nichts anderes, als ein ewiges Umgestalten einer Grundgestalt. Oder, mit anderen Worten: In einem Musikstück kommt nichts vor, was nicht aus dem Thema hervorgeht, was ihm entspringt, auf es zurückführbar ist - und noch strenger - nichts als das Thema selbst.«
(ARNOLD SCHÖNBERG: Der lineare Kontrapunkt, 1931)

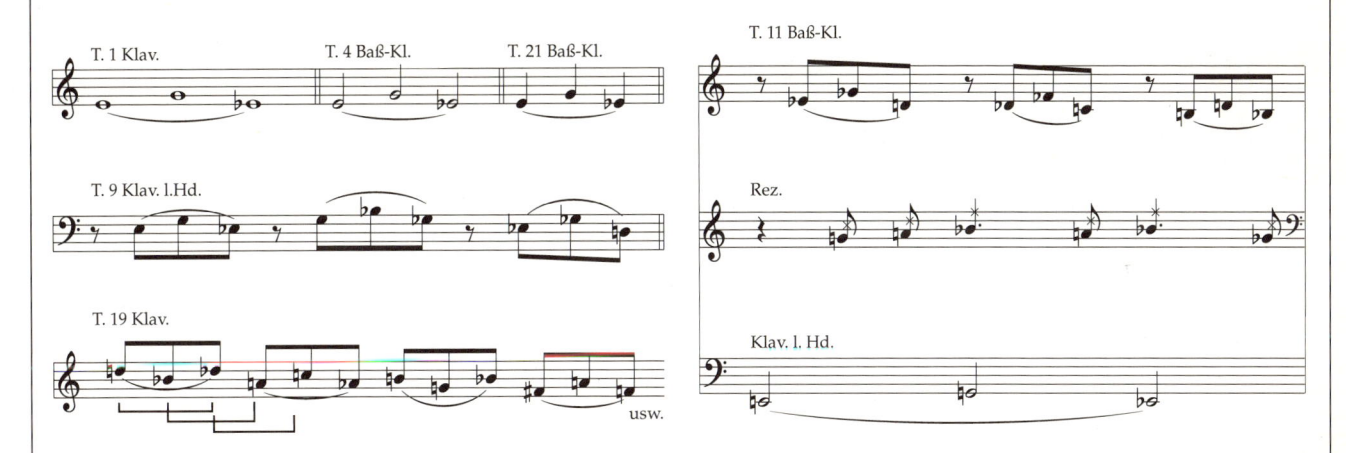

© 1914, 1941 by Universal Edition A. G., Wien – Abdruck mit freundlicher Genehmigung des Verlages.

3. Auf welche Weise wird das Dreitonmotiv verändert, bzw. verarbeitet?

4. Interpretieren Sie unter dem Gesichtspunkt des folgenden Zitats von HANS-HEINZ STUCKENSCHMIDT:
   a) die Einleitung und die Schlußtakte 24-26,
   b) die Takte 18-23.

»Das alles ist nicht musikalisch-formaler Selbstzweck; es wird zur suggestiven klanglichen Deutung und Überhöhung des unheimlichen Bildes, das die Textworte beschwören …«
(H. H. STUCKENSCHMIDT: Arnold Schönberg, S.182, Zürich 1974

*Klavier- und Orchesterlied – Melodram*

# Arnold Schönberg: Nr. 18, ›Mondfleck‹ (Pierrot lunaire)    Arbeitsblatt 25/4

**Das thematische Material**    HB 50

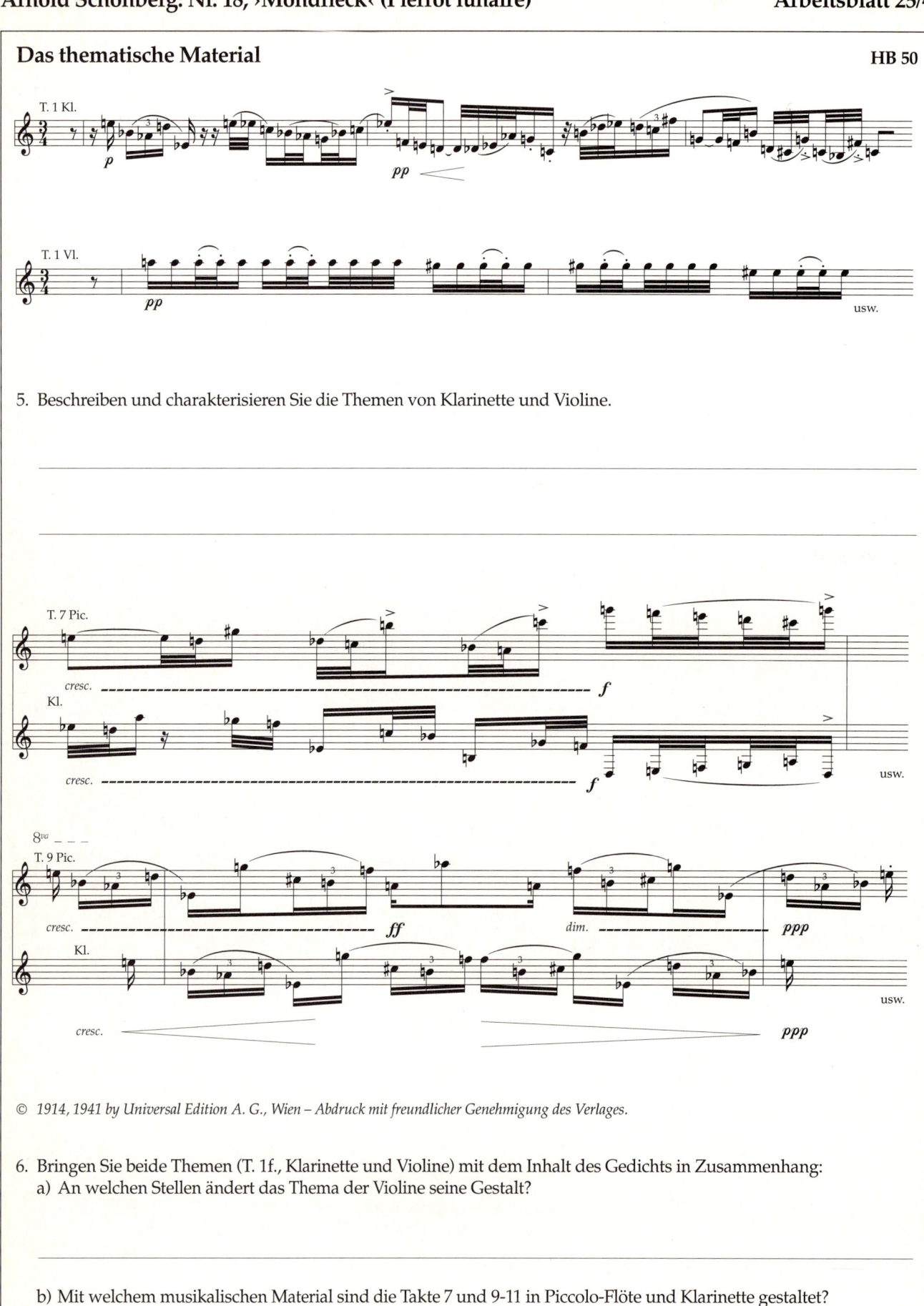

5. Beschreiben und charakterisieren Sie die Themen von Klarinette und Violine.

_____

_____

© 1914, 1941 by Universal Edition A. G., Wien – Abdruck mit freundlicher Genehmigung des Verlages.

6. Bringen Sie beide Themen (T. 1f., Klarinette und Violine) mit dem Inhalt des Gedichts in Zusammenhang:
   a) An welchen Stellen ändert das Thema der Violine seine Gestalt?

_____

   b) Mit welchem musikalischen Material sind die Takte 7 und 9-11 in Piccolo-Flöte und Klarinette gestaltet?

_____

*Klavier- und Orchesterlied – Melodram*

# Arnold Schönberg: Nr. 18, ›Mondfleck‹ (Pierrot lunaire)

**Arbeitsblatt 25/5**

## Krebs-, Proportionskanon

7. Imitieren Sie den ersten Takt des Klarinetten-Themas (s. A 25/4) notengetreu in der Oberquint. Vergleichen Sie Ihre Lösung unter Zuhilfenahme der Partitur mit der Schönbergs (Piccolo-Flöte).

   An welcher Stelle und warum weicht er einer ›realen‹ Beantwortung aus?

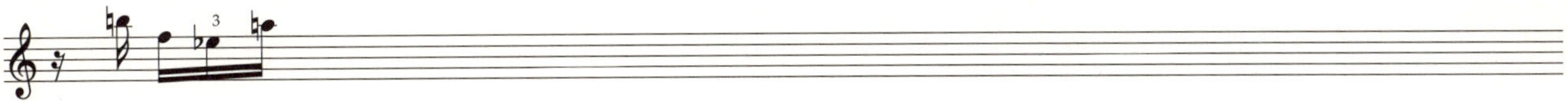

8. Fertigen Sie durch Verdopplung der Notenwerte eine Augmentation des Klarinetten-Themas (1. Takt) an.

   Bei welcher der Stimmen findet dieses Verfahren Anwendung?

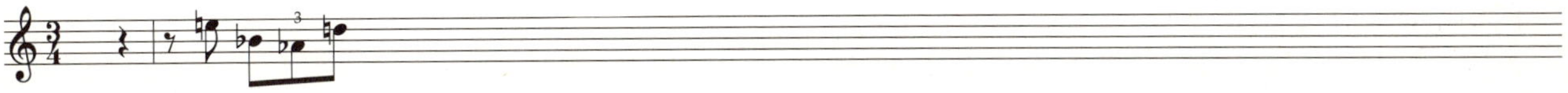

9. Der »Mondfleck« wurde von Schönberg als doppelter Krebs- und als Proportionskanon komponiert.
   a) Welche Stimmen laufen jeweils zusammen als zweistimmiger Kanon ab?
   b) In welchem Intervallverhältnis stehen sie zueinander?

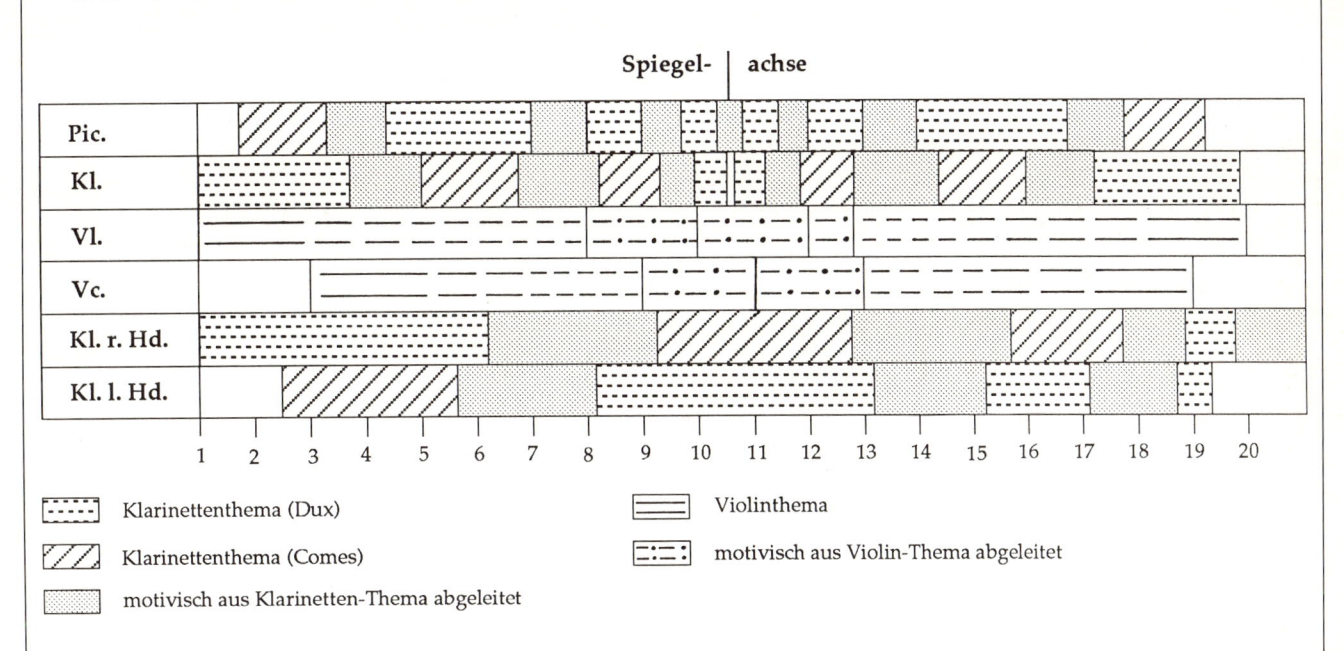

   Spiegel- | achse

   Legende:
   - ▒ Klarinettenthema (Dux)
   - ▨ Klarinettenthema (Comes)
   - ░ motivisch aus Klarinetten-Thema abgeleitet
   - ▬ Violinthema
   - ≡ motivisch aus Violin-Thema abgeleitet

10. Takt 10 (2. Takthälfte) bildet die Spiegelachse. Ab hier erklingt das Stück in rückläufiger Bewegung.
    a) Welche der Stimmen beteiligen sich nicht am ›Krebsgang‹?
    b) Welche kontrapunktische Technik findet im Zusammenspiel von Piccolo-Flöte und Klarinette Anwendung?
    c) In welchem Maße ist die Sprechstimme am thematischen Geschehen beteiligt und in das kontrapunktische Geflecht eingebunden?

11. Warum verwendet Schönberg in diesem Stück kontrapunktische Techniken, die in ihrer Komplexität an die Polyphonie der Niederländer des 15. und 16. Jahrhunderts erinnern?
    Warum sind diese beim Hören so schlecht zu erkennen?

*Klavier- und Orchesterlied – Melodram*

# Lösungen – Hinweise

**Zu Arbeitsblatt 25/1** (s. Aufgaben S. 77)

1. Pseudoaristokratischer Lebensstil, Hang zu Selbststilisierung, Exzentrik und schauspielerischer Pose, Liebe zum Schönen und zur eleganten Toilette.

4. Bei der *Instrumentalbegleitung* (Tasteninstrumente, ORFF-Instrumente) bietet sich an, auf Terzschichtungen mit dem Zusammenklang von chromatisch benachbarten Tönen zurückzugreifen, wie SCHÖNBERG sie in Nr. 3 verwendet.

**Zu Arbeitsblatt 25/2** (s. Aufgaben S. 78)

6. SCHÖNBERG übernimmt den Sprechrhythmus gesteigerter Prosadeklamation und spürt der Satzmelodie - in jedem Beispiel eigen - expressiv nach.
Beispiel 1: Einsatz auf unbetonter Taktzeit; aufsteigende Triole betont jede Silbe; ›phantastisch‹: durch Überdehnung, Hochton und Punktierung hervorgehoben; ›Lichtstrahl‹: Trennung beider Wortteile, Hochton, Dehnung.
Beispiel 2: Zurücknahme des Ausdrucks (tonlos, *pp*); breit akzentuierende Triole; Hervorheben der 1. Silbe von ›Lichtstrahl‹ (Hoch- und Stimmton) gegenüber der zweiten (tiefe Lage, gesprochen).
Beispiel 3: tonlos geflüstert, synkopisch einsetzend, Nachzeichnen der Satzmelodie, 1. Silbe von ›Mondstrahl‹ durch übergehaltenes Achtel leicht betont.

7. a) SCHÖNBERGS *Anweisungen zur Ausführung* der Sprechstimme sind nicht eindeutig, wie seine Äußerung von 1949 zeigt:
»Wie gesagt - niemals singen […]. Niemals darf eine wirkliche Tonhöhe erkennbar sein. Das heißt, daß nur die Art der Akzentuierung gemeint ist.«
Die Notation der Sprechstimme schreibt aber feste Intervallschritte vor. Diese ist, z. B. in Nr. 8, in den strengen polyphonen Satz eingebunden.
b) SCHÖNBERG stößt mit »Pierrot lunaire« in einen neuen vokalen *Klangbereich* vor, den Grenzbereich von Sprachton und -geräusch. Sprache mit ihren spezifisch geräuschhaften und klanglichen Komponenten wird ab SCHÖNBERG für die Komponisten des 20. Jahrhunderts zunehmend interessanter.

**Zu Arbeitsblatt 25/3** (s. Aufgaben S. 79)

1. a) Dreiertakt, langsames Tempo, Variationskomposition über einem Baßmodell.
b) Dreitonmotiv *e-g-es*, (steigende k. 3 und fallende g. 3 in Halben), nachfolgend ein sechstöniger chromatischer Abstieg (Viertel) mit abschließendem großen Septimsprung (Komplementärintervall).
c) Takte 4-6: enggeführter dreistimmiger Kanon zwischen Baß-Klarinette, Sprechstimme und Violoncello.
Takte 6-10: enggeführter Kanon zwischen linker und rechter Hand des Klaviers. Sprechstimme Takte 14ff. und 23ff.: Das unvollständige Passacaglia-Thema betont die Rondelform.

2. a) und b) Übereinandergeschichtetes Dreitonmotiv. Der zweite Ton jeder Dreiergruppe wird zum Ausgangston der nächsten. Zusätzlich das Terzmotiv *a-c-as*. Man kann die Außentöne jedes Motivs auch als im Abstand einer kleinen Terz kanonisch geführte Halbtonschritte betrachten: *e - es; b - a; des - c; e - es*.
c) Das Dreitonmotiv ist die Urzelle des ganzen Stückes. Nahezu jeder Takt läßt sich aus ihr ableiten (= Verfahren der entwickelnden Variation).

3. Takte 4 und 21: Diminution;
Takt 9: Diminution und Transposition, die Anfangstöne jedes Motivs ergeben wiederum das Dreitonmotiv.
Takt 11: Das Terzmotiv erscheint in allen drei Stimmen gleichzeitig. In der Sprechstimme durch Durchgangsbzw. Wechselnote *a'* getrennt.
Takt 19: verschränkte Kette von Krebsumkehrungen und Grundgestalt.

4. Das Gedicht schwört »eine Vision der prähistorischen Nacht« (STUCKENSCHMIDT: Arnold Schönberg, S. 182; Zürich 1974) herauf. Instrumentation: dunkle, hohe Klangfarbe von Baß-Klarinette, Violoncello und Klavier in tiefster Lage, verbunden mit besonderen Klangeffekten (Tremolo am Steg, Flageolett, Glissando in Violoncello; Flatterzungen in Klarinette). Die Takte 1-3 und 24-26 entsprechen einander. Orgelpunkt *e* (T. 1-3) und Dreiklangsschichtung in tiefer Lage bewirken Statik, suggerieren unheimlich lastende Stille.
Takte 18-23: Das Herabschwingen der Riesenfalter schildert die Musik durch
a) ein chromatisches Absteigen in ›flatternden‹ Legatofigurationen des Klaviers über sechs Oktaven von *g'''* zum Subkontra *A*, dem tiefsten Ton des Klaviers;
b) chromatische Tremolofiguren des Violoncellos, abwärts geführt, gehen von Triolenachteln in Achtel und Viertel über, um in den Schlußtakten zur Ruhe zu kommen;
c) durch ein fallendes »raumgreifendes« Zweitonmotiv der Klarinette, das ab Takt 21 in das stetig sinkende Dreitonmotiv übergeht.

**Zu Arbeitsblatt 25/4** (s. Aufgaben S. 80)

5. *Klarinette*: kleingliedrige »barocke« Motivik, bogenförmiger Duktus, in Rhythmus und Artikulation differenziert. Strukturintervalle: ü 4 und g 7.
*Violine*: Rhythmisch geprägtes Thema, Tonwiederholungen, zweigliedrige ostinate Figur im 3/4-Takt:

6. a) Das Thema von *Violine* und *Violoncello* (T. 1f.) könnte für das ›Laufen‹ *Pierrots* stehen. Er kommt (T. 7) - irritiert durch den weißen Fleck am Anzug - zusehends »aus dem Tritt« (Variantenbildung des Ostinatomotivs, Pausen stören den rhythmischen Fluß.) Umgekehrt kommt die rhythmische Bewegung ab Takt 15 wieder ins Lot, wenn *Pierrot* weitergeht.

*Klavier- und Orchesterlied – Melodram*

# Lösungen – Hinweise

b) Das *Klarinetten*-Thema mit seinen charakteristischen Intervallen von ü. 4 und g. 7 versinnbildlicht den ›weißen Fleck‹ des hellen Mondes (s. T. 9-11, Spiegelachse). Hier verwendet SCHÖNBERG nur den Themenkopf. Das Tritonus-Intervall kommt hier in beiden Stimmen 16mal vor, die große Septime fünfmal (»[...] sieht sich rings und findet richtig - einen weißen Fleck [...]«).

Takt 7: Irritation *Pierrots*. Ein vom Klarinetten-Thema abgespaltenes Motivteilchen (♪ ♪ ♩) wird durchführungsartig verarbeitet. Das nach dem kleinen Sekundschritt abspringende Intervall vergrößert sich im Piccolo zur g. 7 und ü. 8. Bei der Klarinette, die ein Sechzehntel später imitierend einsetzt, sind die Sprünge abwärts gerichtet (g. 9, g. 7, k 11).

**Zu Arbeitsblatt 25/5** (s. Aufgaben S. 81)

7. SCHÖNBERG schreibt in der zweiten Figur *e* und *fis* statt *es* und *f*. Er weicht damit konsequent einer d-Moll-Wendung aus, die sich an dieser Stelle ergäbe.

8. Das Klavier *augmentiert* Piccolo und Klarinette. Die Proportionen sind nicht immer eingehalten, so auch am Anfang.

9. a) u. b) *Oktavkanon* zwischen Violine und Violoncello und zwischen Piccolo und Klarinette einerseits und rechter und linker Hand des Klaviers andererseits.
Das Klavier setzt gleichzeitig mit den Blasinstrumenten ein (rechte Hand: Klarinette, linke Hand: Piccolo), verdoppelt aber die Notenwerte (Proportionskanon). Das Nacheinander der Imitation wird zum geschichteten Untereinander.

10. a) Das Klavier (s. o.).
b) Das Zusammenspiel von Klarinette und Piccolo läuft *fugenähnlich* ab. Das Piccolo imitiert Takt 2 (m. A.) die Klarinette als ›Comes‹ in der Quinte, übernimmt aber in Takt 4 die Rolle des ›Dux‹ und verweist die Klarinette (T. 5) in die Rolle des Begleiters (s. Grafik).
c) Zwischen Sprechstimme und Instrumentalstimme besteht weder ein thematischer noch ein struktureller Zusammenhang. Sie nimmt allerdings die strukturbildenden Intervalle von ü. 4 und g. 7 in ihre Melodik auf (z. B.: T. 1-3).

11. Mit der Aufgabe der Tonalität und der *Emanzipation der Dissonanz* kann SCHÖNBERG nicht mehr auf den auf harmonischen Zusammenklängen beruhenden ›klassischen‹ Formenschatz zurückgreifen.
*Polyphone Satztechniken* ermöglichen die Bindung des atonalen Materials und das Schaffen von musikalischer Logik auch ohne das Fundament der Harmonik. Der Reprisenkonstruktion der GIRAUDschen Gedichte kommt die Krebskanon-Form entgegen.
Zusammenhang zwischen *Inhalt und Form*:
*Pierrot* sieht sich im Takt 10 selbst von *hinten*. – Polyrhythmik, motivische Kleingliedrigkeit, entwickelnde Variation, Dichte der kontrapunktischen Struktur und ein ›rasches Tempo‹ erschweren ein hörendes Erfassen der strukturellen Zusammenhänge.

**Literatur zu Arnold Schönberg**

Biographien:

EBERHARD FREITAG: Arnold Schönberg in Selbstzeugnissen und Bilddokumenten; Reinbek 1973
HANS HEINZ STUCKENSCHMIDT: Leben – Umwelt – Werk; Zürich 1974
EGON WELLESZ: Arnold Schönberg; Wien 1921, Rep. Wilhelmshaven 1985

Zu »Pierrot lunaire«:

PIERE BOULEZ: Sprechen, Singen, Spielen. In Melos 38 (1971), S. 453-461
WILFRIED GRUHN: Musikalische Spracharticulation seit Schönbergs Melodram Pierrot Lunaire, in: Günter Schnitzler (Hrsg.): Dichtung und Musik; Stuttgart 1979, S. 265-280
ALBERT JAKOBIK: Arnold Schönberg. Die veränderte Zeit (Perspektiven zur Musikpädagogik und zur Musikwissenschaft 6); Regensburg 1983
HELMUT KIRCHMEYER: Die zeitgenössische Symbolik des Pierrot lunaire. Begleitheft zur Schallplatte WER 60001
VOLKER SCHERLIESS: Schönberg und Strawinsky – zwei Wege der Neuen Musik, in: Funkkolleg Musikgeschichte, Studienbegleitbrief 10; Weinheim 1988

# III. Oper und Operette – exemplarische Beispiele

## Einführung

Zwei Gesichtspunkte liegen den Arbeitsblättern A 26-34 zugrunde:
1. Einblick in Schlüsselwerke der Opernliteratur zu geben;
2. das Verhältnis von Libretto und Musik an charakteristischen Beispielen aufzuzeigen.

**Zu 1.**
Die Arbeitsblätter sollen soviel wie möglich von der *stilistischen* und *inhaltlichen* Spannbreite der Oper bewußt machen. Dies geschieht am Beispiel von neun Werken aus vier Jahrhunderten:

- A 26:           17. Jahrhundert;
- A 27, 29, 30:   18. Jahrhundert;
- A 28, 31-33:    19. Jahrhundert;
- A 34:           20. Jahrhundert.

Die gewählten musikdramatischen Ausschnitte handeln von Liebesglück (A 26), Betörungen durch Musik (A 29), tiefem Schmerz (A 27), Überwindung von Entsetzen (A 31), Aufstachelung zum Mord aus Rache (A 30), Amusement (A 28), Untreue (A 32), Mordentschluß aus Eifersucht (A 33), schauererregenden Zwangsvorstellungen (A 34).

Die prototypischen Kompositionen stammen von
- Claudio Monteverdi: »Orfeo« (A 26),
- Christoph Willibald Gluck: »Orpheus und Eurydike« (A 27),
- Jacques Offenbach: »Orpheus in der Unterwelt«, Nr. 16, Finale (A 28),
- Georg Friedrich Händel: »Julius Cäsar« (A 29),
- Wolfgang Amadeus Mozart: »Die Zauberflöte«, Nr. 14, »Der Hölle Rache« (A 30),
- Ludwig van Beethoven: »Fidelio«, I. 9, »Abscheulicher« (A 31),
- Richard Wagner: »Tristan und Isolde«, II. 3, »Den unerforschlich …« (A 32),
- Giuseppe Verdi: »Otello«, IV. 3, Orchester (A 33),
- Alban Berg: »Wozzeck«, I. 2, »Das ist …« (A 34).

Italienische, französische und deutsche Einflüsse sind erkennbar, z. B. solche der opera seria bei Händel (A 29) und Mozart (A 30), französische bei Gluck (A 27) und Offenbach (A 28).

Durch die *Orpheus-Sage* sind die Werke von Monteverdi, Gluck und Offenbach verbunden. Gezeigt wird der überglückliche *Orpheus*, dann sein Schmerz - nachdem er zum zweiten Mal *Eurydike* verloren hat -, und schließlich die gleißende Parodie darauf in der Operette (A 26-28).

**Zu 2.**
Die Arbeitsblätter konzentrieren sich darauf, das Wechselverhältnis von *Musik und Sprache* herauszuarbeiten, weil dies zentral wichtig für das Verständnis von Oper ist.
- *Sprechnahe Formen* finden sich in A 26: Monodie; A 29: Secco-Rezitativ; A 31: Recitativo accompagnato; teils auch in A 28, 32-34.
- *Melodiegeprägte Formen* sind in A 27: Arie; A 28: Tanz; A 30: Koloratur-Arie; A 34: ›Volkslied‹.

Das *Operettenbeispiel* (A 28) steht für ›leichte‹, amüsante Musik; für ›Parodie‹ in Wort und Ton; für ›Rezitativ‹ (vier Personen im Wechsel); für ›Opernfinale‹ als steigernde Zusammenfassung aller Kräfte.

Die notwendige Beschränkung auf kurze Notenbeispiele macht es unmöglich, eine ganze Partitur darzustellen. Mit dem Beispiel auf A 33 wird gleichwohl deutlich, welch entscheidende Rolle das Orchester spielen kann: Verdis ›Orchestersprache‹ überträgt den Szeneninhalt in musikalische Form, zum Teil quasi rezitativisch den Regieanweisungen folgend.

Warum keine ›Ouvertüre‹ auf A 33 anstelle des Verdi-Beispiels? Leitfrage dieser Arbeitsblätter ist, wie Sprache zu Musik und wie Musik zur ›Sprache‹ wird. In diesem Zusammenhang spielt die Ouvertüre bestenfalls eine periphere Rolle.

**Zu Rigoletto** (s. Seite 99-107)
Im *Exkurs* wird Verdis »Rigoletto« als einzige Oper ausführlicher auf fünf Arbeitsblättern behandelt (A 35 1-5). Ausgewählt sind Verdi-typisch *vom Bild* her konzipierte Szenen. Aufgabe des *Librettos* ist es, mit wenigen Worten die Szene schlaglichtartig zu erhellen und Situationen zu schaffen, auf die die handelnden Personen bis in die Gestik hinein affektiv reagieren.

Der (gerade auch Jugendliche) mitreißende Schwung der Musik, die feine Charakterisierung der Akteure und die Geschlossenheit der musikalischen Form haben Verdis »Rigoletto« zu einer der meistgespielten Opern gemacht.

Klavierauszug und Einspielung müssen im Schularchiv vorausgesetzt werden. Den fünf Arbeitsblättern - aus Platzgründen ohne Hörbeispiel - liegen die Gesamtaufnahme der Deutschen Grammophon (2740225 / 2709102) und der Peters-Klavierauszug in deutscher Sprache zugrunde.

**Vorschläge zur Anwendung der Arbeitsblätter**
Die Arbeitsblätter können als *Gerüst* für die Erarbeitung des Kapitels ›Oper und Operette‹ dienen oder als *Ergänzung* der Opernbehandlung im Unterricht. Sie lassen sich - wie bereits im Vorwort ausgeführt ist - verwenden als Aufgabenstellung zu Klausuren; als Hausaufgaben; zu gemeinsamer Erarbeitung im Unterricht, und sei es von Teilaufgaben.

So wird sich z. B. die Analyse der ›Tristan-Harmonik‹ (A 32) kaum ohne Lehrerhilfe bewerkstelligen lassen oder nur dann (als Transferaufgabe), wenn zuvor im Unterricht die ersten Takte des Tristanvorspiels analysiert worden sind.

Ist z. B. Bergs »Wozzeck« Schwerpunkt des Unterrichts, empfiehlt es sich, die grundlegenden Rezitativformen (A 29, A 31) heranzuziehen; ist Beethovens »Fidelio« Hauptgegenstand, lassen sich Fäden spannen etwa zu Mozart

(Vergleich der ›Rache-Arien‹), zu HÄNDEL (Rezitativ-Vergleich), und zu OFFENBACH (Komik, betreffend Marzelline/Fidelio; Eurydike/Orpheus).

Entsprechend dem umfassenden Thema ›Oper und Operette‹ und einer oberstufengemäßen Arbeitsweise stehen in diesen Arbeitsblättern *testartige* Aufgaben nicht im Vordergrund. Sie werden nur eingesetzt, wo es um harmonische und formale Analysen und um Satztechniken geht (A 26, 29-33).

Die detaillierte *Aufgabenstellung* ist immer eng mit den Noten- und Hörbeispielen verknüpft. Jedes Blatt ist in sich weitgehend ›autark‹, ohne auf sinnvolle Querverbindungen zu verzichten.

Auf den Arbeitsblättern sind nur knappe Informationen möglich und sinnvoll. Manches muß vorausgesetzt werden, z. B. die Kenntnis von Generalbaß, Homophonie-Polyphonie, Kontrapunkt (A 26, A 27, A 29). (Ggf. müssen diese Begriffe zusammen mit A 26, A 27 und A 29 erarbeitet werden.)

Die *Lösungsvorschläge* sind relativ ausführlich wegen der Komplexität der Thematik und Aufgabenstellung. Gelegentlich gehen sie über das von den Schüler/-innen zu Erwartende hinaus. Beispielsweise ist die T–S–D-Harmonik bei GLUCK nur indirekt aus A 27 zu erkennen, ist also in erster Linie als Interpretationshinweis für Lehrer/-innen gedacht wie auch die Erwähnung des $ü_5^6$ im gleichen Beispiel.

Dringend ist zu raten, die Schüler/-innen jedes *Hörbeispiel* mehrfach hören zu lassen, damit nicht trockene Analysen ohne Klangbezug entstehen.

In der Regel ist es angebracht, daß der *Operninhalt*, zumindest der dramatische Zusammenhang, in dem die jeweilige Szene steht, zuvor adäquat dargelegt wird, damit auch etwas von den Opern als Ganzes aufscheint.

*Oper und Operette – exemplarische Beispiele*

# Claudio Monteverdi: ›L' Orfeo‹ (1607) – II. Akt: ›Rosa del ciel‹     Arbeitsblatt 26

## Monodie

**Wichtige Begriffe**

| | |
|---|---|
| *Monodie* | affektbestimmter, generalbaßbegleiteter Sologesang um 1600. |
| *Affekte* | Gefühlsregungen, Gemütsbewegungen, Seelenregungen. |
| *Syllabisch* | ist ein Text vertont, wenn jeder Textsilbe nur eine Note entspricht. |
| *Melisma* | Gegensatz zur Syllabik (s. T. 17). |

GIULIO CACCINI schreibt 1601, daß

»Musik keine Wertschätzung verdient, wenn sie Worte unvollkommen verstehen läßt oder wenn sie, dem Sinn und Versmaß entgegen, Silben verlängert oder verkürzt, lediglich dem Kontrapunkt zuliebe. Das ist ein Zerreißen der Dichtung […]. Musik [ist] zunächst Sprache und Rhythmus und erst dann Ton, nicht umgekehrt […]. Zurücksetzung des eigentlichen Gesanges gegenüber dem Wort« fordert er.

**Sol, che 'l tutto circondi**     HB 51

*Orpheus singt im Glück über Euridice*

Orfeo: sol, che 'l tut-to cir-con-di e'l tut-to mi-ri, da-gli stel-lan-ti gi-ri, dim-mi: ve-de-sti mai di me più li-e-to e for-tu-na-to a-man-te? Fù ben fe-li-ce il gior-no, mio ben, che pria ti vi-di,

Son-ne, die du mit leuch-ten-dem Ge-sich-te in ew'-gem Kreis-lauf wan-delst, sa-ge: sahst je du ei-nen, der so wie ich im Lie-ben al-so se-lig? Wie glück-lich war der Tag, da, mein Lieb', ich dich er-schau-te,

usw.

### Aufgaben

1. Sprechen Sie den Text des Notenbeispiels, und vergleichen Sie den natürlichen Sprechrhythmus mit der Rhythmisierung bei MONTEVERDI. Pausen beachten!

2. Kennzeichnen Sie im MONTEVERDI-Beispiel *sprechnahe* Abschnitte durch Punkte, *gesangliche* Abschnitte durch Linien.

3. Inwieweit folgt MONTEVERDI hier den oben zitierten Vorstellungen CACCINIS?

4. Welche Rolle spielen *Affekte* in MONTEVERDIS Vertonung?

5. Wodurch unterscheidet sich das MONTEVERDI-Beispiel von typisch polyphonen Vokalsätzen?

6. Setzen Sie den Generalbaß aus.

**Christoph Willibald Gluck: ›Orpheus und Eurydike‹ (1762) – Nr. 43, Arie**  Arbeitsblatt 27

# Arie

Zur Szene: Grenzenloser Schmerz durchdringt *Orpheus*, als er seine eben dem Tod abgerungene geliebte *Eurydike* erneut verliert, weil er sich trotz strikten Verbotes des Unterweltgottes *Pluto* aus unbezwinglicher Sehnsucht nach ihr umgedreht hat.

### Ach, ich habe sie verloren

HB 52

## Formraster

|  | Ach … bin! | Eurydike … zurück! | Ach … bin! | Eurydike … mich! | Ach … bin! |  |
|---|---|---|---|---|---|---|
| **Vorspiel** 6 Takte | **Teil I** 10 Takte | **Teil II** 13 Takte | **Teil III** 10 Takte | **Teil IV** 9 Takte | **Teil V** 15 Takte | **Nachspiel** 7 Takte |
| Andante | Andante | Andante Adagio | Andante | Moderato Adagio | Andante | Andante |

## Aufgaben

1. Machen Sie *vor* Anhören der Arie Stichwort-Vorschläge zur Textvertonung (Aufgliederung, Tongeschlecht, Tempo, Dynamik …).
2. Vergleichen Sie die musikalische Gestaltung des 2. und 4. Teils der Arie. Beachten Sie dabei die Textausdeutung.
3. Charakterisieren Sie Text und Melodie des 1. (= 3.) und 5. Teils.
4. Charakterisieren Sie den Orchesterpart nach Ihrem Höreindruck.
5. a) Worin ähnelt diese Arie einem Volkslied, worin liegen Unterschiede?
   b) Inwieweit trifft auf diese Arie die Äußerung Glucks zu, seine Musik wolle »einfach und natürlich« und »für die Poesie da sein«?

*Oper und Operette – exemplarische Beispiele*

# Jacques Offenbach: ›Orpheus in der Unterwelt‹ (1858) – Nr. 16, Finale

Arbeitsblatt 28

## Operetten-Finale

**Zur Szene:**
*Pluto*, der Gott der Unterwelt, hat *Eurydike* geraubt. Der mit ihr zerstrittene *Orpheus* ist insgeheim froh. Die *Öffentliche Meinung* aber als Vertreterin von Sitte und Moral verlangt Anklage. *Pluto* muß *Eurydike* zurückgeben an *Orpheus*. Als dieser zögert, sich nach der Ungeliebten umzudrehen, hilft *Jupiter* (selbst versessen auf *Eurydike*) mit einem Blitz nach.

**Wehe dir, du hast zurück geseh'n**　　　　　　　　　　　　　　　　　　　　　　　　　　　HB 53

[Notenbeispiel: Recitativ – Die öffentliche Meinung / Orpheus / Pluto:
"We-he dir, du hast zu-rück-ge-seh'n. Selbst weiß ich nicht wie mir ge-sche-hen. Ver-lo-ren ist sie e-wig dir, so bleibt sie den-noch mir! Nicht dir, nicht mir! Wie so? Nein! Ei-ne Bac-chan-tin mach' ich jetzt aus ihr." usw.

Eurydike: "Ha! ... O Bac-chus! da von der Er-de ich ver-ban-net wer-de, will ich mich al-lein auf e-wig dei-nem Dien-ste weih'n; gern flieh' ich den Gat-ten, willst du mir ge-stat-ten, dei-ne treu-e Prie-ste-rin zu sein!" usw. (Can-Can Melodie)]

### Aufgaben

1. Charakterisieren Sie obiges ›Recitativ‹. Heben Sie Besonderheiten hervor.

2. Stellen Sie CHR. W. GLUCKS Arie »Ach, ich habe sie verloren« (A 27) *Eurydikes* Gesang »Ha, o Bacchus! …« gegenüber.

3. »Opern-Finale: die einen Akt abschließende dramatische Szene, meist mit voller Besetzung einschließlich Chor. Höhepunkt.« – Wieweit gilt diese Definition für obiges Hör- und Notenbeispiel der Operette?

4. Beschreiben Sie *parodistische Elemente* textlicher und musikalischer Art im Finale.
   Als Anregung dazu ein Beispiel für die Operette als ›Lachtheater‹: Die Parodie auf Opernliebespaare in OFFENBACHS ›Fliegenduett‹ besteht darin, daß er die *äußere Form* eines Opernduetts beibehält, den *Sinn* aber ins Komische zieht, indem er *Eurydike* von Gott *Jupiter* in Gestalt einer liebestollen Fliege umsummen läßt.

# Georg Friedrich Händel: ›Julius Cäsar‹ (1724) – II. Akt, 2. Szene       Arbeitsblatt 29

## Secco-Rezitativ

**Begriffe**
*secco*      Trocken klingend (Cembalo-Klang)
*recitare*   rhythmisch frei vortragen, deklamieren

**Zur Szene:**
*Cleopatra* bezaubert und betört *Cäsar* durch Musik und Götterschauspiel. *Cäsars* Reaktionen:

Beispiel I:                                                                                              HB 54

*Cäsar*
Seltsam, es tönt aus den Sphären wundervolle Musik, die mich verführet. usw.
Cieli, e qual delle sfere scende armonico suon, che mi rapisse?

*Cembalo, Violoncello*

Beispiel II:

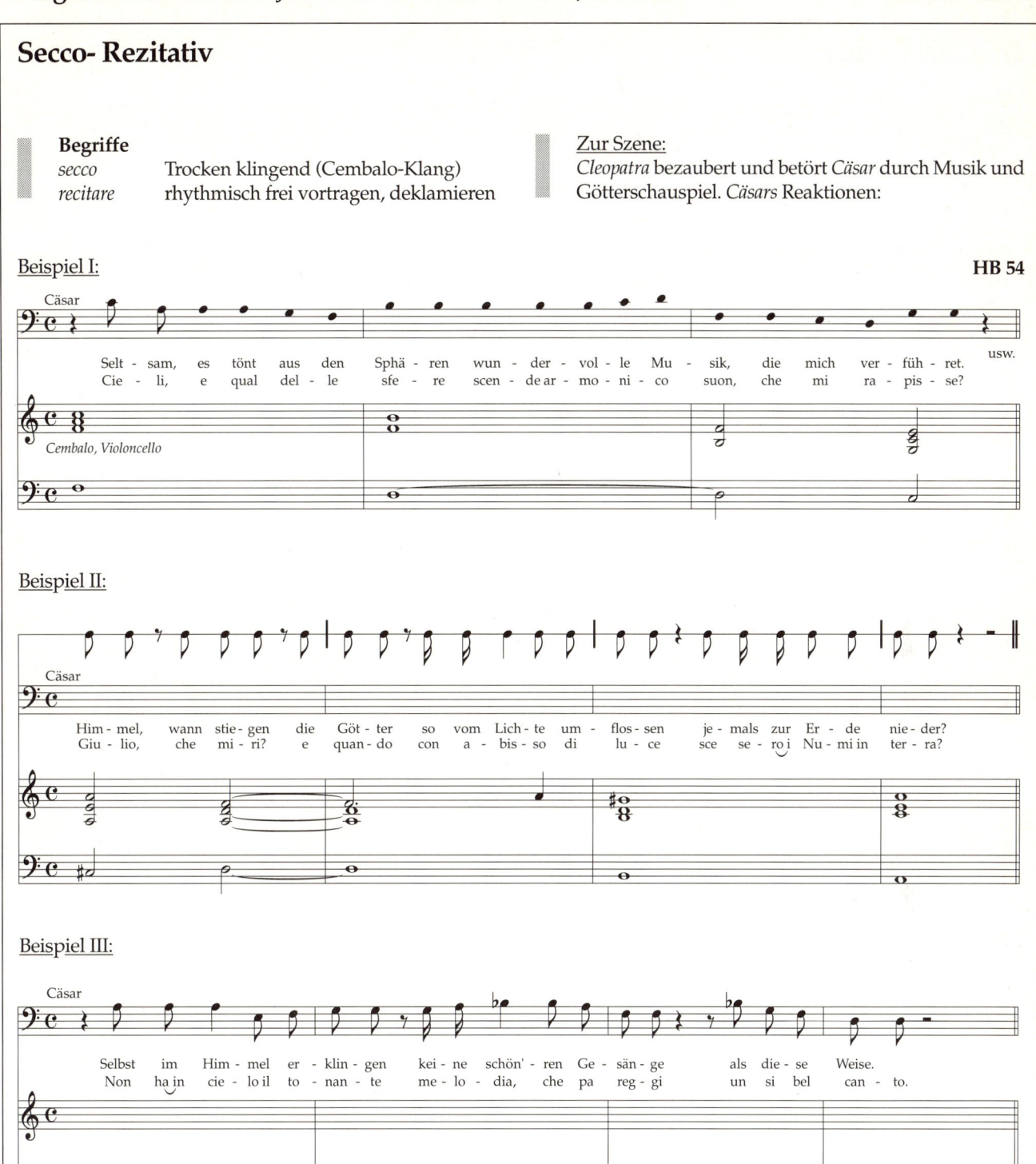

*Cäsar*
Himmel, wann stiegen die Götter so vom Lichte umflossen jemals zur Erde nieder?
Giulio, che mi ri? e quando con abisso di luce scese ser'oi Numi in terra?

Beispiel III:

*Cäsar*
Selbst im Himmel erklingen keine schön'ren Gesänge als diese Weise.
Non ha in cielo il tonante melodia, che pareggi un sì bel canto.

6    6/5    b    #

## Aufgaben

1. Rhythmisieren Sie Beispiel I textgemäß durch Einfügung taktgerechter Noten- und Pausenwerte in die Singstimme (vgl. Beispiel III).

2. Entwickeln Sie unter Berücksichtigung des vorgegebenen Rhythmus' und der Harmonik ein Rezitativ aus Beispiel II. Tonwiederholungen (vgl. Beispiele I und III) wirken sprechnah.

3. Beschreiben Sie die musikalische Textbehandlung in Beispiel III.

4. Welche Funktion hat die Begleitung in den Rezitativen?

5. a) Beziffern Sie die beiden ersten Generalbaßbeispiele.
   b) Setzen Sie in Beispiel III den Generalbaß aus.

*Oper und Operette – exemplarische Beispiele*

## Wolfgang Amadeus Mozart: ›Die Zauberflöte‹ (1791) – Nr. 14, Rachearie — Arbeitsblatt 30

# Koloratur-Arie

Zur Szene:
Die ›sternflammende‹ *Königin der Nacht* fühlt sich um den ›siebenfachen Sonnenkreis‹ durch *Sarastro* betrogen und will ihre Tochter *Pamina* dazu zwingen, ihn zu töten.

**Der Hölle Rache**   HB 55

Textfortsetzung:
Verstoßen sei auf ewig, verlassen sei auf ewig, zertrümmert sei'n auf ewig alle Bande der Natur, wenn nicht durch dich Sarastro wird erblassen!

**Aufgaben**

1. Zeichnen Sie im Notenbeispiel die beiden Haupttonarten in Buchstabenform ein, und kreuzen Sie davon abweichende Einzelnoten an, z. B. T. 7, 19.
2. Notieren Sie mit Taktangabe Sinnabschnitte (z. B. Motive), die miteinander ›korrespondieren‹, d. h., die sich melodisch gleichen oder ähneln (z. B. Sequenzen).

| T. 11 ~ 17 |   |
|---|---|

3. Beschreiben Sie die *Koloraturen* ab Takt 24, und interpretieren Sie deren Rolle in dieser Arie.
4. In vielen Opern gibt es Rache-Arien. Welche musikalischen Charakteristika stützen hier diese Bezeichnung?
5. Inwieweit steht diese Arie im Gegensatz zu einem Secco-Rezitativ?

Ludwig van Beethoven: ›Fidelio‹ (1814) – Nr. 9

*Oper und Operette – exemplarische Beispiele*

Arbeitsblatt 31

## Recitativo accompagnato

Zur Szene:
*Pizarro* hat soeben *Rocco* in seinen Mordplan eingeweiht, von *Leonore* heimlich belauscht. Reaktion *Leonores*:

Abscheulicher, wo eilst du hin

HB 56

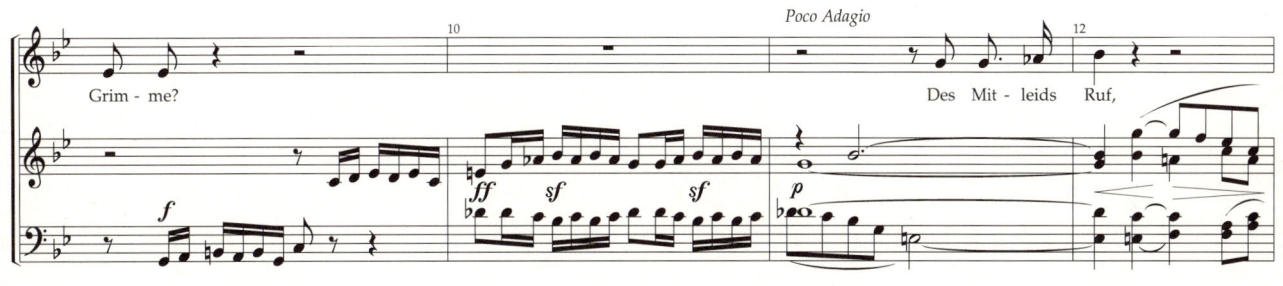

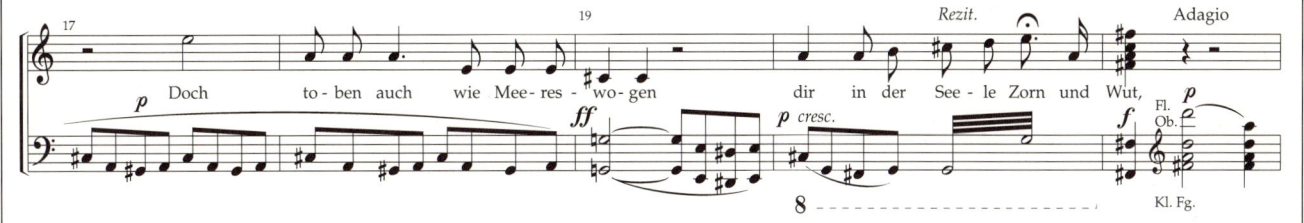

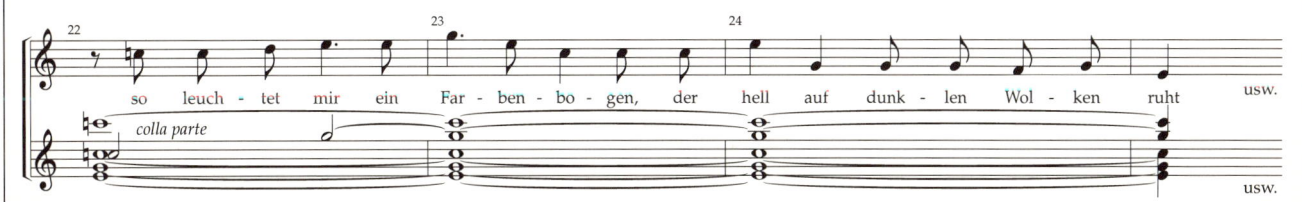

### Aufgaben

1. Bestimmen Sie Tonart und Harmonik in den Takten 5, 8, 12-15, 21, 22.
2. Bestimmen Sie die Hauptintervalle der Singstimme in den Takten 5, 8, 14, 22-25.
   Welche Beziehung gibt es hier zwischen Wort und Intervall?
3. Beschreiben Sie secco-rezitativische Einflüsse (mit Taktangabe).
4. Welche Funktionen hat das Orchester in diesem ›Recitativo accompagnato‹?
5. Arbeiten Sie heraus, wie sich Gemütsbewegungen und Vorstellungen *Leonores* in der Musik spiegeln.
6. Fassen Sie die Charakteristika dieses ›Recitativo accompagnato‹ zusammen.

*Oper und Operette – exemplarische Beispiele*

# Richard Wagner: ›Tristan und Isolde‹ (1859) – II. Aufzug, 3. Szene — Arbeitsblatt 32

## Rezitativ?

**Zur Szene:**
König *Marke* ist erschüttert und zutiefst traurig, daß *Tristan*, sein treuester Freund, ihn mit seiner Frau *Isolde* betrogen hat. *Tristan* soll sich erklären.

**Den unerforschlich tief geheimnisvollen Grund** — HB 57

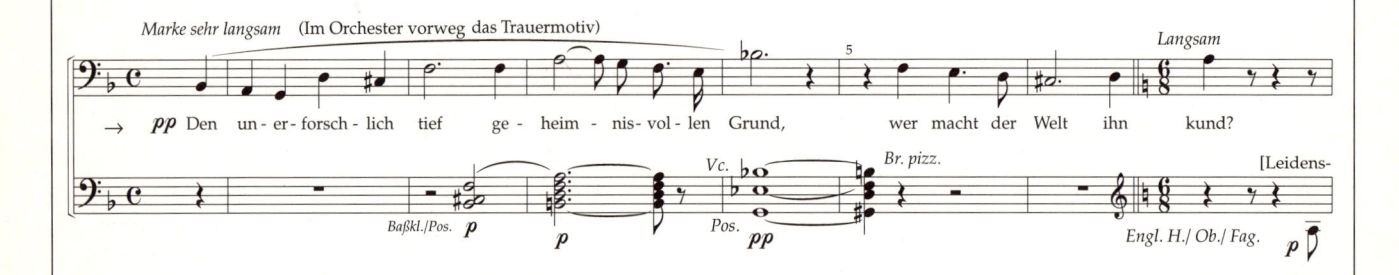

### Aufgaben

1. Welche Beziehungen gibt es zwischen dem Sprechrhythmus und dem Rhythmus der Singstimme?

2. Vergleichen Sie die ›Sprachmelodie‹ des Textes und die melodische Gestaltung, z. B. bei ›kund‹, ›sagen‹.

3. Was bewirken Tempo, Tonlängen, Dynamik, Pausen und Instrumentation atmosphärisch?

4. a) Wie verhalten sich die Takte 8-14 und 15-21 zueinander?
   b) Erstellen Sie ein Formschema der Takte 1-21.

5. Analysieren und charakterisieren Sie die - Tristan-typische - Harmonik in den Takten 14-19.

6. Kennzeichnen Sie diesen ›Tristan-Stil‹ im Vergleich zu recitativo secco/accompagnato, Arie, Monodie.

*Oper und Operette – exemplarische Beispiele*

# Giuseppe Verdi: ›Otello‹ (1887) – IV. Akt, 3. Szene — Arbeitsblatt 33

## ›Orchestersprache‹

Zur Szene:
Der zu Jähzorn und Eifersucht neigende Feldherr *Otello*, der seine Frau *Desdemona* leidenschaftlich liebt, ist davon überzeugt worden, daß sie ihn betrügt. Er kann dies nicht ertragen, geht von Qualen zerissen in der Nacht zu ihr und erwürgt sie. Als er erfährt, daß sie schuldlos und das Opfer eines teuflischen Plans ist, bringt er sich um.

**HB 58**

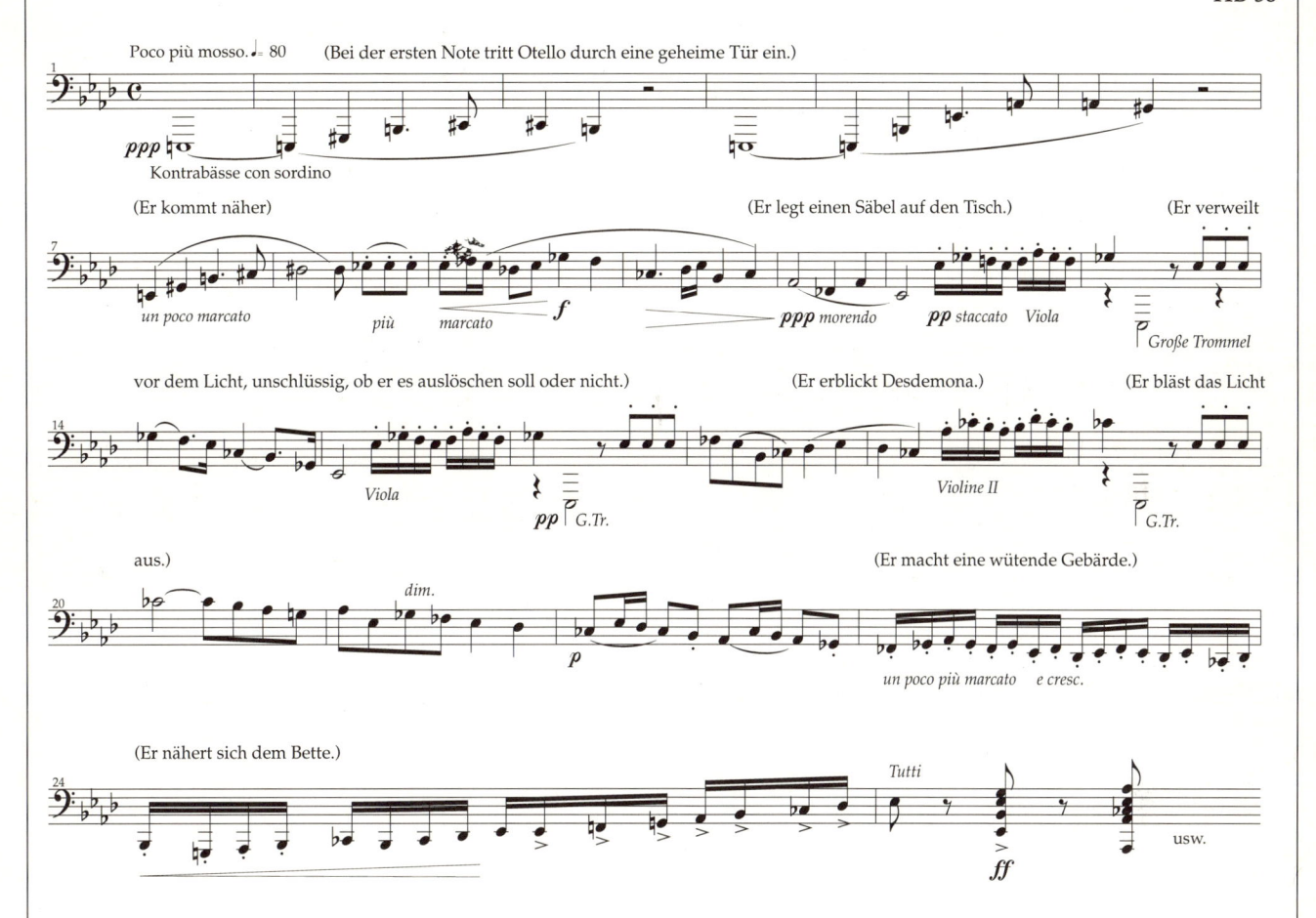

[Notenbeispiel: Poco più mosso. ♩= 80 (Bei der ersten Note tritt Otello durch eine geheime Tür ein.) — *ppp* Kontrabässe con sordino; (Er kommt näher) *un poco marcato* – *più marcato* – *f* – *ppp morendo* – *pp staccato* Viola; (Er legt einen Säbel auf den Tisch.) (Er verweilt Große Trommel; vor dem Licht, unschlüssig, ob er es auslöschen soll oder nicht.) Viola *pp* G.Tr.; (Er erblickt Desdemona.) Violine II; (Er bläst das Licht G.Tr.; aus.) *dim.* *p*; (Er macht eine wütende Gebärde.) *un poco più marcato e cresc.*; (Er nähert sich dem Bette.) Tutti *ff* usw.]

## Aufgaben

1. Geben Sie in Stichworten Ihren Höreindruck wieder.

2. Was bewirken *Instrumentation*, *Dynamik* und *Artikulation* in dieser Szene?
   Nehmen Sie Bezug auf Ihren Höreindruck.

3. Rhythmische ›Korrespondenzen‹ sind wichtige Mittel, musikalischen Zusammenhang und erkennbare Form zu schaffen.
   Stellen Sie im Schema korrespondierende Takte zusammen, z. B. T. 8/20:

   T.

4. Inwieweit steht die melodisch-rhythmische Gestaltung im Zusammenhang mit dem, was in dieser Szene vorgeht?

5. Fassen Sie Merkmale zusammen, die Verdis ›Orchestersprache‹ in dieser hochdramatischen Szene ausmachen.

*Oper und Operette – exemplarische Beispiele*

# Alban Berg: ›Wozzeck‹ (1921) – 1. Akt, 2. Szene  Arbeitsblatt 34

## Expressionistische Elemente

Zur Szene:
*Wozzeck*, ein abgehetzter Soldat untersten Ranges, von den Vorgesetzten ausgenutzt und gepeinigt, leidet unter Zwangsvorstellungen. *Andres* ist sein Kamerad.

**Freies Feld** (Stadt in der Ferne)  HB 59

T. 212 Andres singt vor sich hin  ($\quarter = 60\text{-}72$)

Andres und Wozzeck schneiden Stöcke im Gebüsch. Dämmerung.

Das ist die schö - ne Jä - ge - rei. Schie - ßen steht Je - dem frei!

Da möcht ich Jä - ger sein. Da möcht ich hin! Der Platz ist ver- flucht!

Wieder langsam ($\quarter = 48\text{-}54$)

Siehst du den lich - ten Streif da ü - ber das Gras hin, wo die

rit. —————————— a tempo  gliss.  geflüstert

Schwäm - me so nach - wach - sen? Da rollt A - bends ein Kopf. usw.

© 1926, 1954 by Universal Edition A. G., Wien – Abdruck mit freundlicher Genehmigung des Verlages.

### Aufgaben

1. Setzen Sie den gegebenen Jägerlied-Anfang (mit Schritt- und Dreiklangsmelodik in G-Dur) volksliedartig fort:

Das ist die schö - ne Jä - ge - rei. Schie - ßen steht

je - dem frei! Da möcht' ich Jä - ger sein, ja sein. Da möcht' ich hin!

2. Arbeiten Sie - im Vergleich zu Ihrer Melodie - heraus, auf welche Weise BERG den Volksliedton verfremdet.

3. Erläutern Sie den Begriff ›Sprechmelodie‹ anhand eines Vergleichs von Hörbeispiel und Notenbild ( ♩ ›Tonhöhe‹, Rhythmus).

4. Vergleichen Sie den Inhalt des Szenen-Ausschnitts mit der musikalischen Gestaltung.

Oper und Operette – exemplarische Beispiele

# Lösungen – Hinweise

**Zu Arbeitsblatt 26** (s. Aufgaben S. 86)

1. Es sollen Annäherungen der *Rhythmisierung* MONTEVERDIS an eine sinngemäße, freie Deklamation deutlich werden, auch in Bezug auf die (Sprech-)Pausen.

2. Die Halben, auch punktierte Notenwerte und die Viertelnoten bilden in Verbindung mit der Tonhöhengestaltung hier sangliche Elemente, die übrigen sind sprechnah.

3. Im Sinne CACCINIS geht es MONTEVERDI um Sprachverständlichkeit, Sprachnähe, Vermeidung widersinniger Betonungen und kontrapunktischer Arbeitsweise.

4. Ausdruck von Glücksgefühl und Liebesseligkeit: keine sklavische Bindung an den Textrhythmus, sondern *affektbestimmte* Melodik über konsonanten Dreiklängen, vorwiegend Dur. Der lichte Harfenklang - aufgelöster Generalbaß ohne Vc. im Hörbeispiel - entspricht den dargestellten Affekten.

5. Polyphone Vokalsätze: Kontrapunktisch geregelte melismatische Linienführung in imitatorischem Satz mit nahezu gleichwertigen Stimmen. Textausdeutung und -verständlichkeit sekundär.
   MONTEVERDI-Beispiel: Syllabische, vorwiegend sprechnahe Vertonung unter Einbeziehung des Textsinns in die melodische und harmonische Gestaltung. Die Singstimme führt, der Generalbaß begleitet homophon mit Stützakkorden. Textverständlichkeit und Textausdeutung vorrangig (vgl. Seite 15f.).

6. Generalbaß (Takte 11-18):

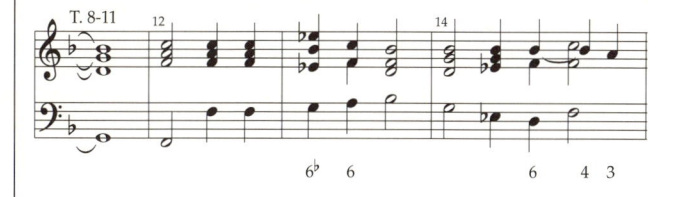

*[Notenbeispiel]*

**Zu Arbeitsblatt 27** (s. Aufgaben S. 87)

1. *Vor* Arbeitsblattverteilung und HB Arientext vermitteln! – Individuelle Lösungen. – Zweck der Aufgabe: Anregung der Phantasie, Wecken von Interesse für die - ungewöhnliche - Vertonung GLUCKS.

2. *Formale Ähnlichkeit*
   Tempowechsel zum Adagio, vergebliche Anrufe *Eurydikes* (viermal bzw. zweimal).

   *Inhaltliche Unterschiede*
   Teil 2 = G-Dur, Rufe und Treuebekenntnis, flehendes, inniges Adagio, Hoffnungsfunke. – Resignation in Teil 4, Rufe in Moll, Adagio: kleinschrittig fallendes Motiv in c-Moll, zweimal wiederholt, monoton, Schmerzaufwallung: Dissonanz (ü $^6_5$).

3. *Text*
   Wehklage und Selbstverwünschung.
   *Vertonung*
   Ergreifend schöne, weiche, sehnsuchtsvolle Melodie, *Eurydike* beschwörend? Vorhalte und melodische Aufschwünge als Ausdruck von Sehnsucht? Im 5. Teil sich steigernde Melodievariante, durch crescendo zum *ff* bis an die Schmerzgrenze getrieben. – Unerwartetes Dur!

4. *Streichorchester*, homophon, gebrochene Akkorde, Gesangsstimme fast durchweg in den Geigen mitgespielt, weiterlaufende Bewegungen bei Gesangspausen. Melodik des Vor- und Nachspiels stammt aus den Gesangsteilen 1 bzw. 5.

5. a) *Volksliedhaft*
   Teile 1 (= 3) und 5 mit einprägsamer, nachsingbarer Melodik, periodisch angelegt, Motiv-Wiederholungen, alles in C-Dur, schlichte T-S-D-Harmonik.
   *Nicht volksliedhaft*
   Komplizierte Fünfteiligkeit. In den Zwischenteilen rezitativische Anrufe, Pausen, Dehnungen, Tonart- und Tempiwechsel, Orchesterbegleitung.
   b) Melodischer Grundzug und schlichte Begleitung = ›einfach und natürlich‹.
   Mittelteile textausdeutend = ›für die Poesie da‹.
   Jedoch Kernmelodie pure Musik, über den Text erhoben. Differenzierte Form: fünfteilig, durch Tempiwechsel noch weiter untergliedert.

**Zu Arbeitsblatt 28** (s. Aufgaben S. 88)

1. *Recitativo accompagnato* mit rezitativischen und sanglichen Elementen bei raschem Sängerwechsel, teils Tremolo-Akkorde, Paukenwirbel. Ungewöhnlich der Einschub von Chor und Galopp-Melodie.

2. GLUCK: Wehklage über Verlust. Fünfteilige Arie mit ausdrucksstarker Melodik, Andante-Adagio.
   OFFENBACH: Jubel, den Gatten los und nun ›Bacchantin‹ zu sein. ›Koloratur‹ (vgl. Gregorianik ›Jubilus‹); Can-Can mit schmissiger, periodischer Melodie (A A'), vom Chor aufgegriffen.

3. *Schlußszene*, dramatisch durch:
   – Zuspitzung und Lösung der Probleme;
   – rezitativisches Gegeneinander von vier Sängern;
   – Chor- und Orchestergestaltung;
   – Koloratur und
   – Can-Can als Höhepunkt.

   Fazit: typisches Opernfinale.

## Lösungen – Hinweise

4. Fassade unter Druck der ›Öffentlichen Meinung‹ beibehalten: *Orpheus* dreht sich um und verliert *Eurydike* endgültig. Aber alles vom hohen Podest der Oper heruntergezogen: Götter verlieren Nimbus; keine Spur von Liebe mehr; Vergnügungssucht statt Schmerz.
Mittel der Oper beibehalten: Rezitativ, Koloratur, Sologesang, Chor. Aber alles ins Lächerliche gewendet: Rezitativ wirkt deplaziert, Koloratur aufgesetzt, Can-Can vollends untragisch.
›Theater-Donner‹ - das Ganze reizt die Lachmuskeln. – Gesellschaftskritik hier nur unterschwellig.

### Zu Arbeitsblatt 29 (s. Aufgaben S. 89)

1.-2.: Die Lösungen ergeben sich aus den folgenden Notenbeispielen.

Beispiel I:

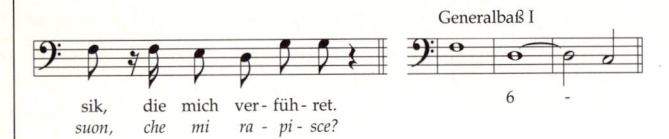

Cäsar:
Selt-sam, es tönt aus den Sphä-ren wun-der-vol-le Mu-sik, die mich ver-füh-ret.
Cie-li, e qual del-le sfe-re scen-de ar-mo-ni-co suon, che mi ra-pi-sce?

Generalbaß I
6 -

Beispiel II:

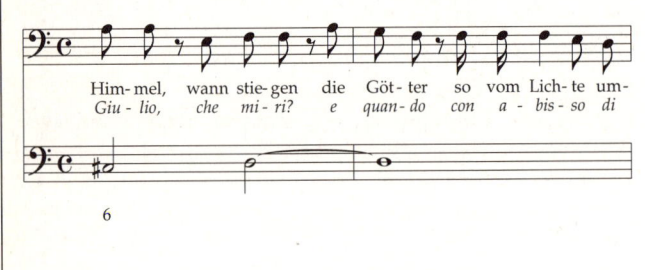

Him-mel, wann stie-gen die Göt-ter so vom Lich-te um-flos-sen je-mals zur Er-de nie-der?
Giu-lio, che mi-ri? e quan-do con a-bis-so di lu-ce sce se-roi Nu-mi in ter-ra?

6
6#

Beispiel III:

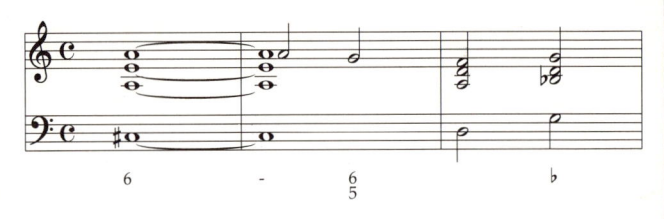

6    6
     5    b

alte Schreibweise    Ausführung

#              #

3. HÄNDELS Rhythmisierung deckt sich nahezu mit dem Sprechrhythmus. Die wichtigen Worte ›Himmel, schön‹ sind durch leichte Dehnung hervorgehoben. Textgemäß sangliche, vorwiegend schrittweise Melodik und ruhige Harmonik, getragen von Cembalo und Violoncello.

4. *Cembalo-Begleitung:* Harmonische Stütze für den Sänger. Die Vc-verstärkte Baßlinie bildet die Grundlage, über der sich die Singstimme frei entfalten kann. Sparsame, die Singstimme nicht übertönende Begleitung - Akkordwechsel nur an markanten Punkten - fördert die Textverständlichkeit. Die (nicht immer in der Schreib-, meist aber in der Spielpraxis) ›nachgesetzten Schlußakkorde‹ vermitteln ein Schlußgefühl.

5. Lösungen siehe Notenbeispiele oben (I-III).

### Zu Arbeitsblatt 30 (s. Aufgaben S. 90)

1. Beginn: d-Moll (Schreibweise: d:);
Abweichung T. 7 und 9: es fis;
ab T. 11: F-Dur (Schreibweise: F:);
Abweichung T. 19: as;
Schlußzeile: d:, Abweichung es.

2. Korrespondenzmelodik im Notenbeispiel:

| Takte 11 ~17 | 13 ~ 15 | 21 ~ 23 | 24f. ~ 26f. ~ 28f. | 30 ~ 31 ‖: 24-35 ~ :‖ |
|---|---|---|---|---|

3. Gesangsverzierungen des *Koloratursoprans* bis in höchste Tonlagen, ohne Text, mit vielen Sprüngen und Tonwiederholungen im Staccato; Legato nur bei raschen Schrittfolgen.
*Rolle:* Die Stimme wird wie ein virtuos gespieltes Instrument eingesetzt und fordert höchste Gesangskunst, nur von wenigen erreichbar, soll Bewunderung hervorrufen. Die *Koloraturen* sind in dieser Arie nicht nur Selbstzweck. Man könnte sie z. B. interpretieren als Zeichen von Hoheit und Macht, Sternenferne, Gefühlskälte ...

4. Die dramatische *Orchesterbegleitung* (mit Tremolo, Moll), das *Tempo* (Allegro assai), die starke *Erregung*, auch in der Stimmlage ausgedrückt, die musikalisch eindringliche

## Lösungen – Hinweise

*Beschwörung* der Rachegötter mit dreimal sich steigerndem Anruf: ›Hört ...‹.

5. Bis auf rezitativische Einflüsse zu Beginn und vor allem am Schluß und die teilweise syllabische Vertonung zeigen sich überall *Gegensätze zum Secco-Rezitativ*:
   – Orchesterbegleitung, sich einprägende Korrespondenzmelodik, Wiederholungen in Text und Musik;
   – Melismatik-Koloraturen, extreme Stimmlage, großer Tonumfang, Virtuosität, dramatische Ausdeutung von Affekten in Stimme und Orchester.

**Zu Arbeitsblatt 31** (s. Aufgaben S. 91)

1. Tonart und Harmonik:

| T. 5 | 8 | 12 | 13 | 14 | 15 | 21 | 22 |
|---|---|---|---|---|---|---|---|
| g: D⁷ | c: D D⁷ | f: D⁷ D⁷ B: D⁷ | T a: | D⁷⁵⁾ | A: T | D: T | C: T |

2. Takt 5: v. 7;
   T. 8: g. 6, v. 5;
   T. 14: k. 10, ü. 4; T. 22-25: Dur Dreiklang.
   Beziehungen zwischen Wort und Intervall: Große Sprünge, verminderte und übermäßige Intervalle bei ›Abscheulicher ...bis ›Tigersinn‹; C: -Dreiklang bei ›... Farbenbogen.‹

3. Takte 5-8, 12, 13, 14, 20: abgerissene oder liegende Akkorde, Pausen, syllabisch deklamierende Singstimme.

4. Musikalisierung von Gemütsbewegungen (Zwischenspiel!), jedoch secco-rezitativische Zurückhaltung während der Textdeklamation.

5. Bis Takt 10: Abscheu, Entsetzen, Erregung; Allegro agitato, *ff*, *sf*, dramatische Kurzmelodik und Mollharmonik in g-Moll, c-Moll, f-Moll.
   In T. 11-13: Mitleid; Poco adagio, *p*, ruhiges Legato, lyrische Melodik, f-Moll zu B-Dur.
   In Takt 14: ›Tigersinn‹; Piu moto, *f*, rezitativische, exaltierte Melodik und Harmonik. (a: D⁵⁾).
   In T. 15-21: Toben, Zorn, Wut, assoziiert mit ›Meereswogen‹; Allegro agitato, *p*, *ff*, *p*, rollende Baßbewegungen, großbögige Melodik, nur ein Akkordwechsel.
   In Takt 21: ein hell klingender D-Dur-Sextakkord der Holzbläser.
   In Takt 22: um einen Ganzton abwärts gerückt wie eine Entrückung, weit weg von *Pizarro*.
   In T. 21-25: Farbenbogen = Hoffnung; Adagio, *p*, weitzügige Dreiklangsmelodik über stehendem C-Dur-Akkord.

6. Syllabisch, wortverständlich, teilweise secco-rezitativisch; aber darüber hinaus: hohe Flexibilität des musikalischen Ausdrucks, so durch häufigen Wechsel von Tempo, Dynamik, Tonart.
   Dramatik und Lyrik in Singstimme und Orchestersprache: Aufhebung des Generalbasses zugunsten charakterisierender Harmonik.

**Zu Arbeitsblatt 32** (s. Aufgaben S. 92)

1. Die *Singstimme* lehnt sich eng an den *Sprechrhythmus* an, ist aber sehr verlangsamt: Sprechcharakter nur noch indirekt zu erkennen.

2. Bei ›kund?‹, ›frägst‹ steigt die *Sprachmelodie*, die *Singstimme* ebenfalls (Quintsprünge). Bei ›sagen‹, ›erfahren‹ sinken Sprachmelodie und Singstimme. Das Auf und Ab der gesamten Gesangslinie läßt sich aus dem gesprochenen Text ableiten. Die weit schweifende Melodik aber übersteigt die Ausdruckskraft des Gesprochenen.

3. Die Langsamkeit von *Tempo* und *Notenwerten*, alles in *p* und *pp*, erzeugt eine außergewöhnliche, geheimnisvolle Spannung, erhöht durch Pausen, Melancholie durch Engl. Horn ...

4. a) Die *Takte 15-21* sind eine leicht variierte Kleinterz-Transposition der *Takte 8-14*.
   b) Formschema der Takte 1-21:

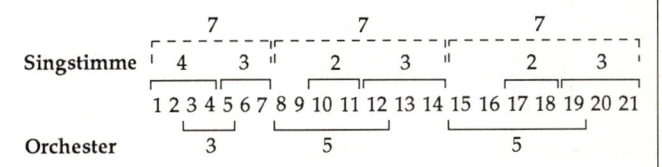

   | | 7 | | 7 | | 7 | |
   |---|---|---|---|---|---|---|
   | Singstimme | 4 3 | | 2 3 | | 2 3 | |
   | | 1 2 3 4 5 6 7 | 8 9 10 11 12 13 14 | | 15 16 17 18 19 20 21 | | |
   | Orchester | 3 | 5 | | 5 | | |

5. Mögliche Lösung (T. 14-19)

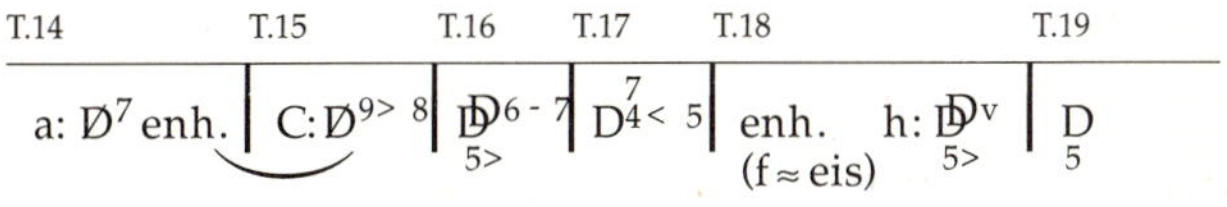

   | T.14 | T.15 | T.16 | T.17 | T.18 | T.19 |
   |---|---|---|---|---|---|
   | a: D⁷ enh. | C: D⁹⁾ ⁸ ⁵⁾ | D⁶⁻⁷ | D⁴⁵⁷ | enh. (f≈eis) | h: Dᵛ ⁵⁾ D ⁵ |

   Spannungsreiche Harmonik durch gedehnte Vorhalte (Sehnsuchtsmotiv), Alterationen, Dissonanzhäufung, nirgends wirkliche Dissonanzauflösung, Enharmonik. Keine Eindeutigkeit in den Akkordbeziehungen.

6. Vom *Secco-Rezitativ* stammt die Sprachnähe, Wortverständlichkeit, sparsame Begleitung; vom *recitativo accompagnato* die Orchestersprache und melodische Freiheit, von der *Arie* die Sanglichkeit. In der *Monodie* waren diese Elemente schon im Keim enthalten. Im *Tristan*-Beispiel sind sie in neuer Weise zur Einheit verschmolzen.

**Zu Arbeitsblatt 33** (s. Aufgaben S. 93)

1. Die Aufgabe sollte *vor* Ausgabe des Arbeitsblattes erteilt werden. – Vorwiegend emotionale Aussagen, z. B. schemenhafter Anfang, beklemmende, düstere Atmosphäre, Einsamkeit, Fallen in die Tiefe, Stillstand.
   Gegensätze: langgezogene Melodik - rhythmisches Pochen, gewaltsamer Ausbruch, abrupter Schluß.

2. Die dunklen *Klangfarben* (Kb., sord., Gr. Tr.) im unisono, *pp*, legato, lassen den Hörer die Finsternis in *Otello* mitempfinden.

*Oper und Operette – exemplarische Beispiele*

# Lösungen – Hinweise

Das unaufhaltsame Anschwellen der Dynamik bis hin zum *ff*-Schluß in as-Moll macht Erschauern.
Langgezogener Streicherklang in mehrfachem Wechsel mit dem staccato der Violen/Violinen deutet auf inneren Widerstreit.

3. 
| Takte | 1-3/ 4-6 | 2/5/7 | 8/13/16/19/20 | 9/22 | 17/21 | 12/15/18/23f. |
|---|---|---|---|---|---|---|

4. In der abgründig tiefen, kaum noch hörbaren, langsamen *Melodie* sind schemenhafte Züge von Sehnsucht, so in den Vorhalten der aufsteigenden Dur-Dreiklangs-Takte 1-7, deutlicher in den Takten 16-18: *Otello* erblickt *Desdemona*. Dazwischen (T. 12) und danach insgesamt dreimal das eng kreisende, unheimliche 16tel-Motiv in Moll. (… Säbel …).
Mehrfach tieffallende Melodik als Zeichen der Abgründigkeit (T. 10ff., 14ff., 19-23).
Nach dreimaligen ›halbschlüssigen‹ Anhalten (T. 13, 16, 19) die Entscheidung (Licht ausblasen): eine sich rhythmisch und dynamisch steigernde unablässige Bewegung, ab und auf über mehr als zwei Oktaven, mündet in grelle Akkordschläge, Tutti.
*Otello* hat (wütende Gebärde) Sehnsucht und Skrupel in sich ausgelöscht, ist zur Tat entschlossen.

5. Kurze Zusammenfassung der bisherigen Ergebnisse unter dem Gesichtspunkt ›Orchestersprache‹: sprechender, charakterisierender, psychologisch ausdeutender Einsatz der verschiedenen Parameter, Gestik herausfordernd.

4. Unbekümmert vor sich hin singender *Andres*-von Zwangsvorstellungen gepeinigter *Wozzeck*.
Atmosphäre insgesamt unheimlich. Die Musik trifft den Szeneninhalt durch gesteigerten Ausdruck, wie er sich aus der *Verfremdung* des Volkstons und aus der geisterhaft wirkenden *Sprechmelodik* ergibt. Das Orchester trägt mit eingeflochtenen ungewöhnlichen Klängen und Klangfarben wesentlich zur düsteren Hintergründigkeit des ganzen bei.

### Zu Arbeitsblatt 34 (s. Aufgaben S. 94)

1. Jägerlied:

Das ist die schö-ne Jä-ge-rei. Schie-ßen steht je-dem frei! Da möcht' ich Jä-ger sein, ja sein. Da möcht' ich hin!

2. Verfremdung durch: Verlangsamung des 6/8-Jagdrhythmus'; Ausbrechen aus der G-Dur-Mentalität (cis, dis, f, es); schwer zu erfassende Intervalle (Quartfolgen ↓, indirekte Tritoni, Sexten ↓ ↑); Synkopen, Zerdehnung des Rhythmus', Verzicht auf Periodik und Wiederholung.

3. Die ♪-Tonhöhe wird in etwa berührt, aber anders als beim Singen nicht festgehalten, sondern durch Steigen oder Fallen sofort wieder verändert. Der Rhythmus wird eingehalten.

*Oper und Operette – exemplarische Beispiele*

# Giuseppe Verdi: ›Rigoletto‹ – Nr. 1, Introduktion (1.–5. Szene)

**Arbeitsblatt 35/1**

| Tableau vivant | | | | | | | | | |
|---|---|---|---|---|---|---|---|---|---|
| Bühnenbild | | | | | | | | | |
| Auftritt | | | | | | | | | |
| Gesprächsthema | | | | | | | | | |
| Musikalischer Ablauf | | | | | | | | | |
| Klavierauszug Seite | | | | | | | | | |

**Motive der Introduktion**

a) T. —

b) T. —

c) T. —

d) T. —

e) T. —

### Aufgaben

1. Beschreiben Sie Bühnenort und -geschehen (nach Auftritten). Was ist jeweils Gesprächsthema? Nehmen Sie zur Lösung Text und Szenenanweisungen des Klavierauszugs zu Hilfe.

2. Welche dramaturgische Funktion erfüllt die Ballszene im Handlungsablauf der Oper?

3. Beschreiben Sie Charakter und formalen Ablauf der Einleitung (s. Tabelle oben). An welchen Stellen des Szenenablaufs und in welcher Reihenfolge treten die einzelnen melodischen Abschnitte auf (s. Notenbeispiele a–e)?

4. Welche Aufgabe erfüllt die Musik in dieser Szene:
   a) die Ballmusik
   b) die Ballade des Herzogs
   c) das Menuett?

5. Entwerfen Sie ein Bühnenbild und Kostüme für unsere heutige Zeit, die der von VERDI gestalteten Szene gerecht werden.

*Oper und Operette – exemplarische Beispiele*

# Giuseppe Verdi: ›Rigoletto‹ – I. Akt, Nr. 1, Introduktion
### Arbeitsblatt 35/2

**Auftritt: Monterone - ›Parola scenica‹**

In VERDIS Opern spielt die Handlung eine untergeordnete Rolle. Vom Bild her konzipiert, dient sie einzig dazu, Szenen und Situationen zu schaffen, auf die die handelnden Personen affektiv reagieren. Ihre Affekte drängen zu gestischen Äußerungen. Aufgabe des Textes ist es, als ›parola scenica‹ (Wort, das die Szene schlaglichtartig erhellt) Situationen mit wenigen Worten klar und deutlich zu umreißen.

6. Bestimmen Sie in *Monterones* Szene:
   a) das Wort, das die Situation schlaglichtartig erhellt,
   b) die Affekte und ihren Gestus, die diese Situation bei den handelnden Figuren auslöst.
      (Nehmen Sie neben dem Text auch die Szenenanweisungen zu Hilfe.)

| a) | parola scenica | | | | |
|---|---|---|---|---|---|
| | **Figur** | Monterone | Rigoletto | Monterone | Rigoletto |
| b) | **Affekt** | | | | |
| | **Szenen-anweisung** | | | | |
| | **Klavierauszug Seite** | | | | |

7. Welche Aufgabe kommt der Musik in dieser Szene zu?
   Folgende Arbeitsanweisungen sollen Ihnen bei der Beantwortung der Frage helfen:
   a) Finden die Szenenanweisungen eine Entsprechung in der Musik?
   b) Bringen Sie die nachfolgenden Notenbeispiele mit dem affektiven Gestus ihrer Personen in Verbindung.
   c) Wie kommt *Rigolettos* Betroffenheit zum Ausdruck?
   d) Welche Bedeutung kommt dem verminderten Septakkord in Takt 6 zu?
   e) VERDI schließt den ersten Szenenblock in einem groß angelegten Ensemblesatz mit einer Walzer-Stretta ab (KA S. 33). Welche Ziele verfolgt er damit?

*Oper und Operette – exemplarische Beispiele*

# Giuseppe Verdi: ›Rigoletto‹ – II. Akt, Nr. 7; Arie des Herzogs  Arbeitsblatt 35/3

### Scena ed Aria (1)

VERDIS Größe als Musikdramatiker liegt in der Gestaltung von Situationen, der feinen Charakterisierung von Personen, der genauen Ausdeutung der Textvorlage durch die Musik. Dramatischer Text, musikalische Form, Singstimme und Begleitung bilden dabei eine untrennbare Einheit. Damit die Musik diese Aufgabe erfüllen konnte, mußte VERDI die überkommene Form der *Scena ed Aria* geschmeidiger machen, um sie schließlich ganz in großen Szenenblöcken aufgehen zu lassen.

In der Arie des Herzogs, die den zweiten Akt eröffnet, läßt sich das konventionelle Muster der ›Scena ed Aria‹ noch gut studieren. Als Grundmodell der Nummern der Gesangsoper liegt ihr eine fünfteilige Steigerungsform zugrunde:

|  | Scena | Aria | | | |
|---|---|---|---|---|---|
| Formschema | Einleitung<br><br>KA S. 106, T. 1-56 | Cavatine<br>1. Aria-Teil<br>KA S. 108, T. 57-88 | Zwischenteil<br><br>KA S. 110, T. 89-172 | Cabaletta<br>2. Aria-Teil<br>KA S. 120, T. 173-246 | Coda<br><br>KA S. 126, T. 246-270 |
| Inhalt | siehe unten | | | | |
| Tempo | siehe unten | Adagio | ✗ | Allegro | |

8. Worin unterscheiden sich die einzelnen Abschnitte:
   a) inhaltlich,
   b) im Verhältnis von dargestellter Zeit und Darstellungszeit,
   c) hinsichtlich der Tempi?

> *Cavatine:* Sologesangsform in der Oper zwischen Lied und Arie stehend;
> *Cabaletta:* Schlußsatz einer zweiteiligen Arie in der italienischen Oper.

### Scena

| Tempoangaben | musikalische Form | Affekte |
|---|---|---|
| Allegro agitato assai (T. 1) | | |
| Allegro (T. 22) | | |
| Adagio (T. 35) | | |
| Andante (T. 37) | | |
| Allegro (T. 46) | | |
| Adagio (T. 52) | | |

9. a) Unterscheiden Sie in den einzelnen Abschnitten nach: Rezitativo secco, Rezitativo accompagnato, Arioso.
   b) Wie erklären Sie sich die häufigen Tempowechsel?
   c) Welche Aufgabe erfüllt die instrumentale Einleitung?

### Aria: Cavatine

| Inhalt: | Tonart: |
|---|---|
| Stimmung: | Metrum: |
| Form: | Begleitung: |
| Melodik: | |

10. a) Bestimmen Sie die Merkmale einer *Cavatine* am vorliegenden Beispiel (T. 57-88).
    b) Welches Bild vom Herzog entsteht hier im Vergleich zur abschließenden Cabaletta? (T. 173-246)
    c) Worin unterscheiden sich *Scena* und *Aria*, worin *Cavatine* und *Cabaletta*?

101

Oper und Operette – exemplarische Beispiele

# Giuseppe Verdi: ›Rigoletto‹ – II. Akt, Nr. 8, Arie des Rigoletto

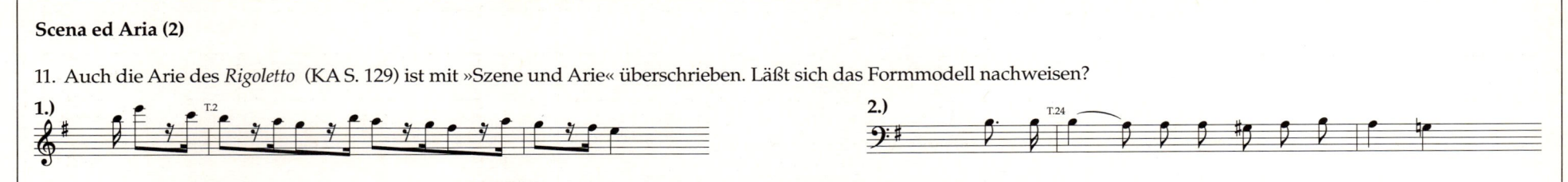

Arbeitsblatt 35/4

**Scena ed Aria (2)**

11. Auch die Arie des *Rigoletto* (KA S. 129) ist mit »Szene und Arie« überschrieben. Läßt sich das Formmodell nachweisen?

1.)

2.)

12. a) Im ersten Teil der Scena stechen die beiden Melodiegruppen hervor. Worin unterscheiden sie sich von der sie umgebenden Deklamationsmelodik?

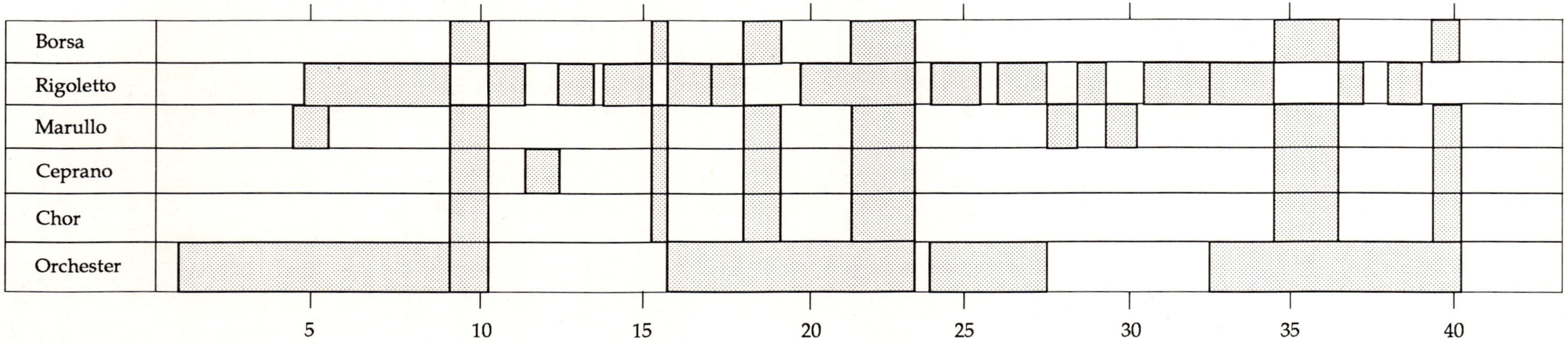

|  | 5 | 10 | 15 | 20 | 25 | 30 | 35 | 40 |
|---|---|---|---|---|---|---|---|---|
| Borsa | | | | | | | | |
| Rigoletto | | | | | | | | |
| Marullo | | | | | | | | |
| Ceprano | | | | | | | | |
| Chor | | | | | | | | |
| Orchester | | | | | | | | |

b) Markieren Sie in der Hörpartitur mit verschiedenen Farben: Themengruppen 1, 2 und Deklamationsmelodik. Was läßt sich aus der Partitur herauslesen? Formulieren Sie Ihre Erkenntnisse als Regieanweisung für den Darsteller des *Rigoletto*.

13. a) Welche Affekte werden im Arienteil (KA S. 138, T. 77-130) dargestellt? Wie wird zwischen ihnen vermittelt?
b) Beschreiben und erläutern Sie in den Takten 99-114 die Entwicklung von Melodie und Begleitung hinsichtlich der Situation, in der sich *Rigoletto* befindet.
c) Worin unterscheidet sich die Melodik dieser Arie von der des Herzogs in II. 7 (KA S. 108, T. 57-246)?

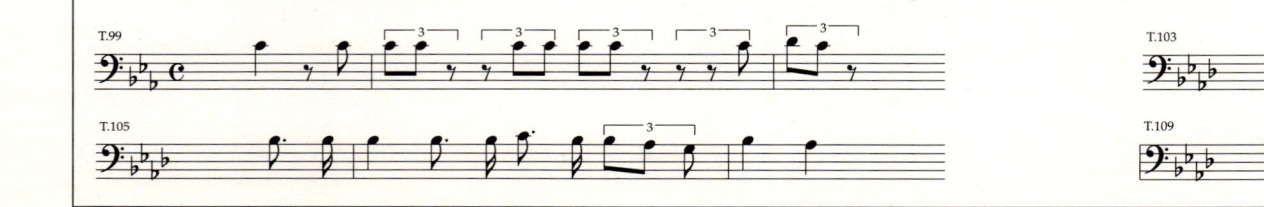

*Oper und Operette – exemplarische Beispiele*

# Giuseppe Verdi: ›Rigoletto‹ – Nr. 11, Quartett

**Arbeitsblatt 35/5**

### Das Ensemble

»Das anschließende Quartett (KA S. 174) ist oft gerühmt worden wegen der unerhörten Sicherheit, mit der die die vier Gestalten - *Gilda, Rigoletto, Herzog, Maddalena* - melodisch charakterisiert werden und sich die extrem gegensätzliche Melodik zu wunderbarer formaler Einheit zusammenschließt. Schroffe Ausdrucksgegensätze prallen hier aufeinander: des Herzogs schmachtende Liebesbeteuerung [M:    ], *Maddalenas* plappernde Abweisung [M:    ], die schmerzzerfüllte, pausenzerrissene Kantilene *Gildas* [M:    ] und *Rigolettos* barsches, zorniges und grollendes Parlando [M:    ]. Bewunderungswürdig ist es, wie diese gegensätzlichen Melodietypen nahtlos miteinander verknüpft werden, ja gleichsam auseinander hervorgehen«. (Wolfgang Marggraf: Verdi, Leipzig 1982; S. 155)

14. Welche der Melodieabschnitte (M:) treffen auf die Beschreibung zu?

M 1

M 2

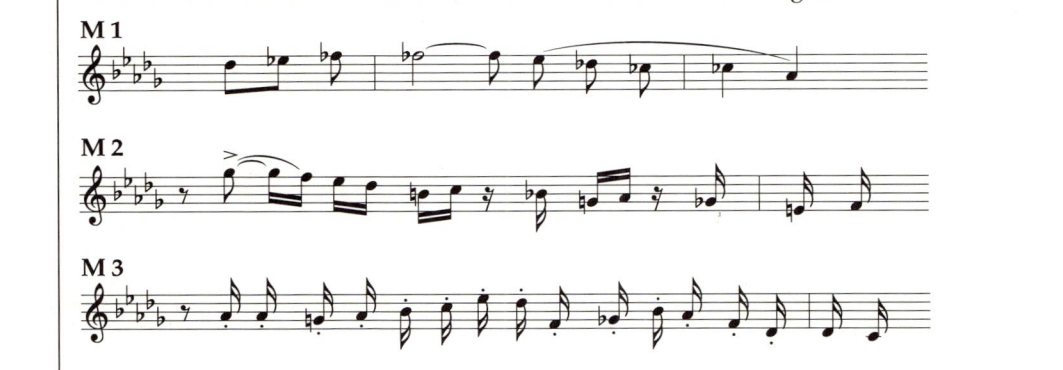

M 3

M 4

M 5

M 6

15. Vervollständigen Sie die Hörpartitur: Ordnen Sie die einzelnen Melodieabschnitte den entsprechenden Personen zu.
16. Welches Formgesetz des großen Ensembles läßt sich aus dem Partiturausschnitt herauslesen?
17. Welche dramaturgische Funktion kommt dem vorliegenden Quartett im Geschehenszusammenhang der Oper zu?

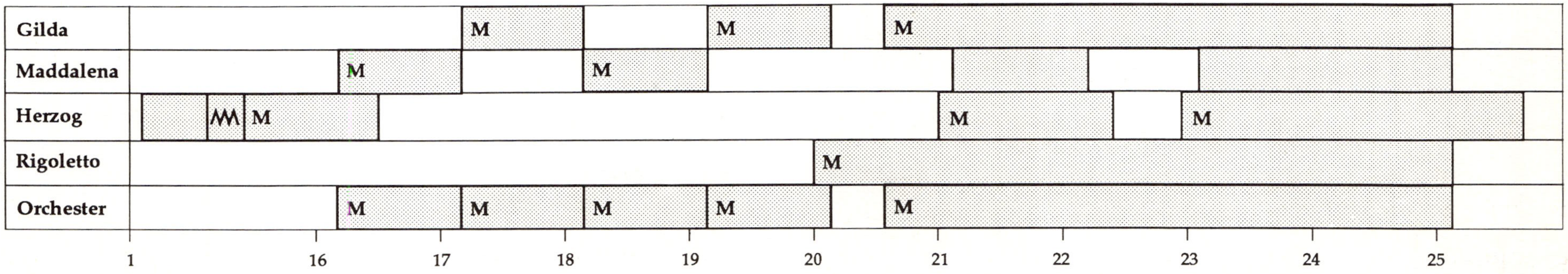

| | 16 | 17 | 18 | 19 | 20 | 21 | 22 | 23 | 24 | 25 |
|---|---|---|---|---|---|---|---|---|---|---|
| Gilda | | | | | | M | | | | |
| Maddalena | M | M | | M | | | | | | |
| Herzog | MM M | | M | | | | M | M | | |
| Rigoletto | | | | | M | | | | | |
| Orchester | | M | M | M | | M | | | | |

*Oper und Operette – exemplarische Beispiele*

# Lösungen – Hinweise

### Zu Arbeitsblatt 35/1 (s. Aufgaben S. 99)

1.-2. Höfisch repräsentatives Fest im *Palast* des Herzogs von Mantua. Die Szene vereint die handelnden Personen und charakterisiert sie. Musterbeispiel einer zum Tableau erstarrten szenischen Aktion. Diskrepanz zwischen Aktion und festlichem Rahmen.
Die gesellschaftlich-repräsentative Sphäre vermag die latent vorhandenen Spannungen zwischen den Figuren nicht zu verdecken. (Liebesaffairen des Herzogs, Opportunismus und beißender Spott *Rigolettos*.)

3. Potpourriartige schematische Aneinanderreihung achttaktiger Abschnitte. Ihre teils scharf akzentuierte teils stakkatierte, mit Vorschlägen und scharfer Pausenpunktierung versehene Melodik (Galoppcharakter) verleiht dieser Musik eine leere, kalte Brillianz. Das Oberflächliche der höfischen Gesellschaft ist in dieser Musik eingefangen.
Lösungen zur Tabelle, siehe Seite 105.

4. Die *Ballmusik* durchzieht das ganze 1. Bild. Sie ist - dem Bühnenbild vergleichbar - akustischer Rahmen der Szene, tönendes Tableau.
Die *Ballade* zentriert die Szene auf die Person des Herzogs. Sie charakterisiert ihn nicht durch den Text, sondern auch durch traditionelle, liedhafte, geschlossen-glatte Form.
Das Menuett – vgl. MOZARTS »Don Giovanni« – ist Ausdruck höfisch galanter Konventionen. Ihrer Formelhaftigkeit bedient sich der Herzog, um seine wahren Absichten (Verführung der Gräfin von Ceprano) zu verbergen.

### Zu Arbeitsblatt 35/2 (s. Aufgaben S. 100)

6 a) Rache;
b) *Monterone*: Stolz (›den Herzog mit edlem Stolz anblickend‹); *Rigoletto*: Spott (›*Monterone* nachahmend‹, ›geht mit komischer Gravität vor‹); *Monterone*: Zorn und Verachtung (›*Rigoletto* mit verächtlichem Zorn anblickend‹); *Rigoletto*: Betroffenheit (›erschrocken‹). – Lösungen zur Tabelle, siehe Seite 105.

7. a) Bildcharakter der Musik: VERDIS gestische Dramatik verdeutlicht nicht nur Worte, Aktionen, Gesten und Gebärden der Figuren, sondern verrät auch ihre Gefühle und Gedanken.
b) *Monterone* (gottähnliche Rächerfigur): statische Tonwiederholungen auf $c'$, rhythmisch geschärfte Deklamation (Fluchmotiv), abschließender fallender ›gravitätischer‹ Oktavsprung. *Rigoletto* ahmt (T. 16+33) seinen Tonfall nach. *Monterones* Würde und Stolz begegnet er mit grotesk überzeichnender Verbeugung (T. 18 m. A., T. 27): Umspielung des Oktavsprungs $g – g$, der in Takt 27 vier Oktaven durchläuft. Die nachfolgende durch Pausen stark aktzentuierte rhythmische Figur (T. 21-22, T. 24-25, T. 29-30) im Orchester verdeutlicht *Rigolettos* karikierendes Laufen. Sein Spott trifft *Monterone*. Die aufschießenden Sechzehntel (T. 38) über bewegtem f-Moll-Klanggrund verraten seine innere Erregtheit (auch T. 43 u. 48).

c) dynamisch abrupter Wechsel *ff-ppp*, Des-Dur – des-Moll (T. 81-84).
d) Der verminderte Septakkord (deutlich auch T. 15 u. 79) kann mit dem Fluch in Verbindung gebracht werden (vgl. auch Vorspiel KA S. 1, T. 7, 14, 16, 26).
e) Mittel der Steigerung und Verfremdung. Der denaturierte Walzer (Vivace, Moll, *ppp*) verdeutlicht eine denaturierte, in Panik geratene Ballgesellschaft.

### Zu Arbeitsblatt 35/3 (s. Aufgaben S. 101)

8. a) *Einleitung*, beide *Arienteile* und die *Coda* dienen der Affektdarstellung.
Der *Zwischenteil* enthält den Bericht über die Entführung *Gildas*. Er begründet (als ›Eklat‹) den Affektwechsel im zweiten Arienteil.
*Einleitung*: Wechsel der Gefühle: (Bestürzung/Verzweiflung, Schmerz, Sorge, Zorn, Sorge/Mitleid);
*Cavatine*: Liebessehnen;
*Cabaletta*: Freude über ein Wiedersehen mit *Gilda*.
*Überleitung und Coda*: Erstaunen der Höflinge über den Affektwechsel des Herzogs.
b) In der *Einleitung* und den beiden *Arienteilen* übersteigt die Handlungszeit die dargestellte Zeit. Die Handlung steht still.
Im *Zwischenteil* entsprechen sich die Zeitverhältnisse.

9. a) *Allegro* (T. 22): Rezitativo secco, das im Takt 29 in ein Rezitativo accompagnato übergeht;
*Adagio* (T. 35): Rezitativo secco, fließender Übergang zum *Andante* (T. 37): periodisch gegliedertes Arioso (VS-NS);
*Allegro* (T. 46): Rezitativo accompagnato; *Adagio* (T. 57): Kadenz.
b) Der Tempowechsel entspricht dem Wechsel der Affekte.
c) Nervös auffahrende und schrittweise zur Tonika zurückkehrende melodische Linie über stakkatiertem Dreiklangsteppich (Achtelbewegung) bereitet den Auftritt des erregten Herzogs vor (s. a. T. 29ff.)

10. a) Die *Cavatine* (Sologesangsform) steht in der Oper zwischen Lied und Arie. Lyrische Grundstimmung; erweiterte Liedform (VS 4 Takte – NS 4+3 Takte); vornehmlich b-Tonarten höherer Ordnung (hier Ges-Dur); dreiteilige zusammengesetzte Taktart (Triolenbewegung der Begleitung); einfache Streicherbegleitung, Gitarreneffekt.
b) *Cavatine* (T. 57-88): Tiefe echter Empfindung; *Cabaletta* (Schlußsatz einer zweiteiligen Arie in der italienischen Oper, T. 173-246): lärmende Oberflächlichkeit der Hofsphäre.
c) *Scena* (T. 1-56): offene Form, Aria: geschlossene Form; Cabaletta: zweistrophig, 2. Strophe notengetreu wiederholt.
Kurze Überleitung, deren Thematik in der Coda (T. 246-270) wiederkehrt, trennt die beiden Strophen. Gegensatz in der Stimmung (Melodik, Tonart, Tempo.)

*Oper und Operette – exemplarische Beispiele*

# Lösungen – Hinweise

## Lösung zur Tabelle (A 35/1, Aufgabe 3)

| Bühnenbild | Prächtiger Saal im Palast des Herzogs, glänzend erleuchtete Säle, festlich gekleidete Hofgesellschaft, Pagen, Bühnenmusik | | | | | | | |
|---|---|---|---|---|---|---|---|---|
| **Auftritt** | Spazieren, Tanzen der Gesellschaft | Herzog Borsa | Herzog | Herzog Gräfin | Rigoletto Borsa | Gesellschaft tanzt Perigordin | Marullo Borsa Hofherren | Herzog, Rigoletto, Ceprano, Hofherren | ganze Hofgesellschaft |
| **Gesprächsthema** | – | geplante Verführung Gildas | Verlangen nach adretten Frauen | Werben um die Gräfin | Leichtlebigkeit des Herzogs wird verteidigt | – | Rigolettos ›Geliebte‹ | Rigoletto verletzt mit seinem Scherz Ceprano | Ceprano und Hof wollen sich an Rigoletto rächen | Freude am Fest |
| **Musikalischer Ablauf** | a-b-c-d-e | a-b-c-b | Ballade | Menuett | b-c | Perigordin | a-d-e | a-b-c-d | Quintett mit Chor: a (Stretta) |
| **Klavierauszug Seite** | 2 | 3 | 6 | 9 | 11 | 12 | 13 | 16 | 20 | 24 |

## Lösung zur Tabelle (A 35/2, Aufgabe 6)

| a) | parola scenica: Rache | | | |
|---|---|---|---|---|
| | **Figur** | Monterone | Rigoletto | Monterone | Rigoletto |
| b) | **Affekt** | Stolz | Spott | Zorn, Verachtung | Betroffenheit |
| | **Szenen-anweisung** | den Herzog mit edlem Stolz anblickend | Monterone nachahmend; geht mit komischer Gravität vor | Rigoletto mit verächtlichem Zorn anblickend | erschrocken |
| | **Klavierauszug Seite** | 27 | 28 | 29 | 33 |

*Oper und Operette – exemplarische Beispiele*

# Lösungen – Hinweise

**Zu Arbeitsblatt 35/4** (s. Aufgaben S. 102)

11. *Scena:* (T. 1-76) und Aria-Teil sind deutlich voneinander abgesetzt (Generalpause, Tonart-, Tempowechsel). Die Gliederung in *Cavatine* und *Cabaletta* ist aufgehoben. Dreiteiliger *Arienteil:*
a) T. 77-93 (c-Moll), – Überleitung –
b) T. 103-113 (f-Moll) –Überleitung –
c) T. 114 m. A.-130 (Des-Dur).

12. a) *Melodiegruppe 1* (T. 2 m A.-9): achttaktige Periode, einfache Dreiklangsmelodik, e-Moll (gespielte »schmerzhafte« Heiterkeit *Rigolettos*).

*Melodiegruppe 2* (T. 24 m. A.-27): zweitaktige Stufenmelodik, deren Banalität durch Sextparallelen des Orchesters unterstrichen wird.

b) *Rigoletto* sucht *Gilda*. Bei seinem Auftritt gibt er sich betont gleichgültig, spielt die Rolle, die man von ihm erwartet, den Narren. Kann er sie im Gestus durchhalten (Orchester), so beschäftigt ihn doch zunehmend die Sorge um *Gilda*.
Der Heuchelei der Höflinge begegnet er mit Ironie (T. 12, T. 24). *Rigoletto* wird hier als komplexe Figur dargestellt. Unter der Maske des ›Berufs‹-Narren verbirgt sich ein Mensch mit vielfältigen gegensätzlichen Empfindungen.
Lösungen zur Tabelle:

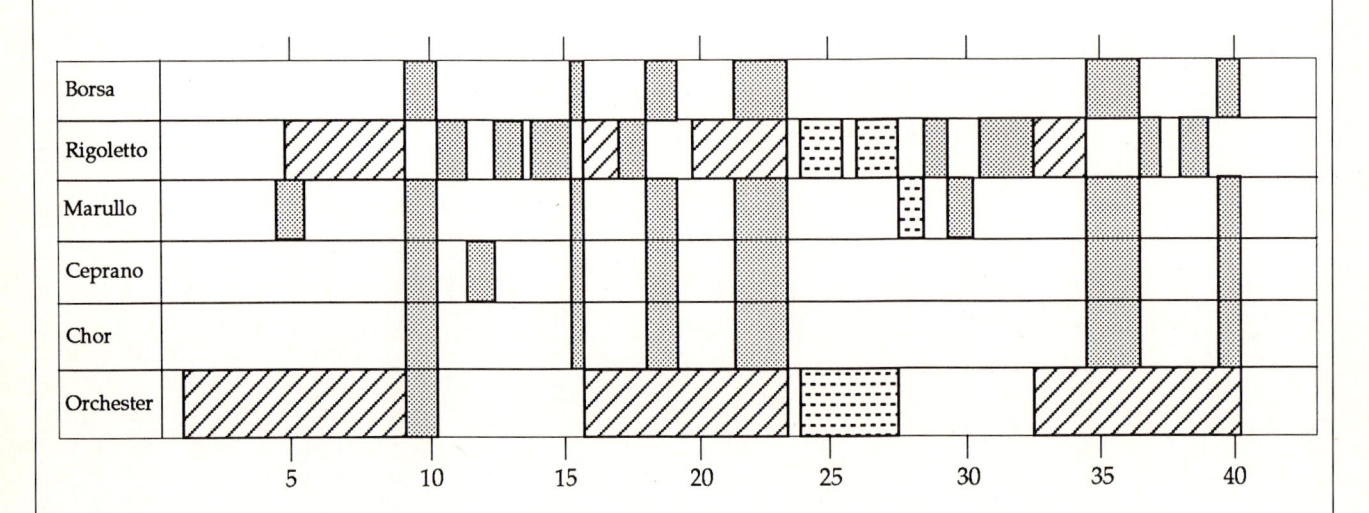

13. a) c-Moll-Teil (T. 77-93): Empörung, Aufbegehren; *f-Moll-Teil* (T. 103 m. A.-113): Flehen um Mitleid; *Des-Dur-Teil* (T. 114 m. A.-130): Bitte um Verzeihung.
In der *Überleitung* (T. 93-102) greift VERDI (T. 96-98) auf den verminderten Septakkord aus Takt 72 der *Scena* zurück. Das *Rezitativo accompagnato* geht nahtlos in den 2. Abschnitt über. Zwischen 2. u. 3. Abschnitt vermittelt eine von den Streichern unisono vorgetragene 16tel-Figur (T. 113). VERDI löst die starre Binnengliederung von ›Scena‹ und ›Aria‹ auf, läßt sie in großen Szenenblöcken aufgehen.

b) und c): Beispiel für die moderne Diktion, die VERDI für die Figur des *Rigoletto* gewählt hat. Synthese zwischen rezitativen und kantablen Teilen zu accompagnatohaft-ariosem Fluß. Die flächiger gezeichnete Figur des Herzogs bleibt im musikalisch konventionellen Bereich geschlossener Gesangsformen.
Die Stilfigur der *Suspiratio* (musikalisch-rhetorische Figur: mehrfache Unterbrechung des Melodie- und Sprachflusses durch Pausen) beherrscht den ganzen Abschnitt. T. 99-102: Rezitation auf dem Ton c', durch Pausen unterbrochen, mündet in drei Seufzerfiguren (Erschöpfung, Resignation).
T. 102-103: kurzphrasige Seufzermelodik (Weinen), die in T. 105-107 in eine ausdrucksvolle Stufenmelodik übergeht (*Rigoletto* wendet sich bittend an *Marullo*).
T. 109-112: kurzatmige, zerrissene Vorhaltsmelodik, deren Spannung sich in einem Oktavsprung löst. (Der Verdacht, *Gilda* sei im Palast verborgen, wird für *Rigoletto* zur schmerzlichen Gewißheit.)
Orchesterbegleitung: ostinate Seufzerketten der Streicher, die ab Takt 109 immer mehr aus dem Tritt kommen. (Spiegel der inneren Unruhe *Rigolettos*).

**Zu Arbeitsblatt 35/5** (s. Aufgaben S. 103)

14. Herzog: M 4;
Maddalena: M 3;
Gilda: M 2+M 5;
Rigoletto: M 6

15. Siehe Schema Seite 107.

16. Gesetz der wachsenden Stimmenzahl.

17. VERDI faßt die Oper als Drama der Affekte auf. Das Ensemble gibt ihm nun die Möglichkeit, das Drama kurz vor der Katastrophe in einem Punkt zusammenzuziehen. Es zeigt – im zeitlich gedehnten Augenblick – den Zusammenhang der tragisch ineinander verstrickten Affekte.

*Oper und Operette – exemplarische Beispiele*
# Lösungen – Hinweise

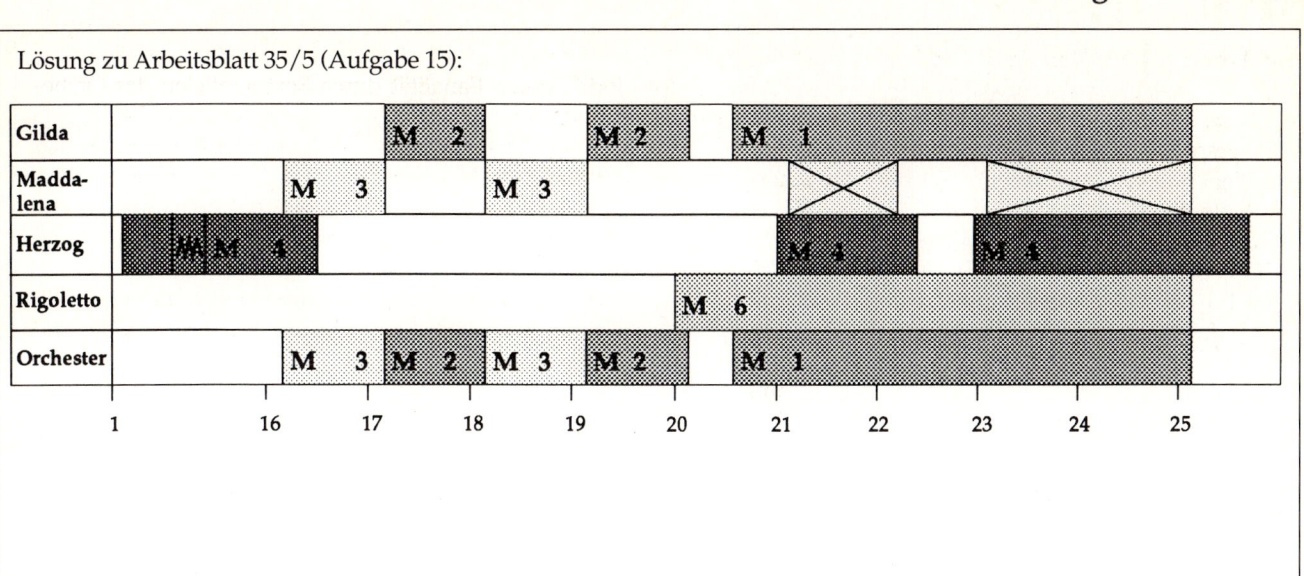

Lösung zu Arbeitsblatt 35/5 (Aufgabe 15):

| | | | | | | | | | | | |
|---|---|---|---|---|---|---|---|---|---|---|---|
| Gilda | | | | M 2 | | M 2 | M 1 | | | | |
| Madda-lena | | | M 3 | | M 3 | | | ✕ | | ✕ | |
| Herzog | M 4 | | | | | | M 4 | | M 4 | | |
| Rigoletto | | | | | | | M 6 | | | | |
| Orchester | | | M 3 | M 2 | M 3 | M 2 | M 1 | | | | |

1  16  17  18  19  20  21  22  23  24  25

Lösung zu Arbeitsblatt 35/5 (Aufgabe 15):

# Liste der Hörbeispiele

## Liste der Hörbeispiele

| HB-Nr. | Titel | Komponist | Ausführende | Quelle | Dauer |
|---|---|---|---|---|---|
| 1 | Ostermesse: Introitus | Gregorianik | Chor der Mönche der Benediktiner-Erzabtei St. Martin Ltg.: Pater Maurus Pfaff | Archiv Produktion Resonance 3347016 (MC) | 0'24" |
| 2 | Ostermesse: Alleluia | Gregorianik | | | 1'37" |
| 3 | Ostermesse: Introitus | Gregorianik | siehe oben | siehe oben | 0'24" |
| 4 | Ostermesse: Kyrie | Gregorianik | siehe oben | siehe oben | 0'33" |
| 5 | Ostermesse: Gloria | Gregorianik | siehe oben | siehe oben | 0'37" |
| 6 | Ostermesse: Graduale | Gregorianik | siehe oben | siehe oben | 0'32" |
| 7 | Ostermesse: Alleluia | Gregorianik | siehe oben | siehe oben | 0'37" |
| 8 | Ostermesse: Sequenz | Gregorianik | siehe oben | siehe oben | 0'39" |
| 9 | Ostermesse: Credo | Gregorianik | siehe oben | siehe oben | 0'26" |
| 10 | Ostermesse: Offertorium | Gregorianik | siehe oben | siehe oben | 0'27" |
| 11 | Ostermesse: Sanctus | Gregorianik | siehe oben | siehe oben | 0'38" |
| 12 | Ostermesse: Agnus Dei | Gregorianik | siehe oben | siehe oben | 0'28" |
| 13 | Ostermesse: Communio | Gregorianik | siehe oben | siehe oben | 0'23" |
| 14 | Ostersequenz | Gregorianik | siehe oben | siehe oben | 1'59" |
| 15 | Messe de Nostre Dame | G. de Machaut | Taverner Consort Taverner Choir; Ltg.: Andrew Parrott | EMI CDC 7 47949 2 | 0'55" |
| 16 | Kyrie aus der Missa Papæ Marcelli | G. P. da Palestrina | Choir of Westminster Abbey Ltg.: Simon Preston | Archiv Produktion 415 517-2 | 0'26" |
| 17 | Agnus Dei I aus der Missa Papæ Marcelli | | s. HB 16 | Archiv Produktion 415 517-2 | 0'49" |
| 18 | Agnus Dei II aus der Missa Papæ Marcelli | | s. HB 16 | Archiv Produktion 415 517-2 | 0'53" |
| 19 | Du, Hirte Israel, höre (BWV 104) – Chor Nr. 1 (T. 1-17) | J. S. Bach | Bach-Ensemble Ltg.: Helmuth Rilling | hänssler classic 98.869 | 0'38" |
| 20 | Du, Hirte Israel, höre (BWV 104) – Arie Nr. 5 (T. 1-9) | | s. HB 19 | hänssler classic 98.869 | 0'42" |
| 21 | Du, Hirte Israel, höre (BWV 104) – Arie Nr. 3 (T. 10-22) | | s. HB 19 | hänssler classic 98.869 | 0'51" |
| 22 | Du, Hirte Israel, höre (BWV 104) – Nr. 4: Rezitativ | | s. HB 19 | hänssler classic 98.869 | 1'00" |
| 23 | Nelson-Messe – Kyrie Chor-Einsatz T. 16ff. | J. Haydn | Chor & Symphonie-Orchester des Bayerischen Rundfunks Ltg.: Sir Colin Davis | Philips 416 358-2 | 0'46" |
| 24 | Nelson-Messe – Kyrie Choreinsatz T. 54ff. | | s. HB 23 | Philips 416 358-2 | 0'19" |
| 25 | Nelson-Messe – Kyrie Solo-Stelle T. 39ff. | | s. HB 23 | Philips 416 358-2 | 0'27" |
| 26 | Messe in d-Moll – Kyrie Orchestervorspiel | A. Bruckner | Chor & Symphonie-Orchester des Bayerischen Rundfunks Edith Mathis (Sopran) Marga Schiml (Alt) Wieslaw Ochman (Tenor) | DG 423 127-2 | 0'37" |
| 27 | Messe in d-Moll – Kyrie Kyrie I | | | | 0'47" |

Liste der Hörbeispiele

| HB-Nr. | Titel | Komponist | Ausführende | Quelle | Dauer |
|---|---|---|---|---|---|
| 28 | Messe in d-Moll – Kyrie Christe | A. Bruckner | Karl Ridderbusch (Bass) Ltg.: Josef Schmidhuber | DG 423 127-2 | 0'22" |
| 29 | Messe in d-Moll – Kyrie Kyrie II | | s. oben | DG 423 127-2 | 0'34" |
| 30 | Psalmensinfonie 1. Satz (Ausschnitt) | I. Strawinsky | Berliner Philharmoniker Ltg.: Herbert von Karajan | DG 423 252-2 | 0'28" |
| 31 | Psalmensinfonie 1. Satz: Chorteil A$^1$ | | s. HB 30 | DG 423 252-2 | 0'36" |
| 32 | Psalmensinfonie 1. Satz: Chorteil B | | s. HB 30 | DG 423 252-2 | 0'26" |
| 33 | Psalmensinfonie 1. Satz: Chorteil A$^2$ | | s. HB 30 | DG 423 252-2 | 0'50" |
| 34 | Psalmensinfonie 2. Satz: Instrumentalfuge | | s. HB 30 | DG 423 252-2 | 1'26" |
| 35 | Psalmensinfonie 2. Satz: Chorfuge ab T. 29 | | s. HB 30 | DG 423 252-2 | 0'44" |
| 36 | Requiem Introitus (Requiem æternam) – Kyrie II | J. Ockeghem | The Hilliard Ensemble Ltg.: Paul Hillier | EMI CDC 7 49 2132 | 1'38" |
| 37 | Requiem Offertorium (Domine Jesu Christe) | | s. HB 36 | EMI CDC 7 49 2132 | 2'02" |
| 38 | Grande Messe des morts Tuba mirum Fanfare | H. Berlioz | Soloist, Choruses & Radio-Sinfonieorchester Frankfurt Ltg.: Eliahu Inbal | Denon CO - 73205 → 6 | 1'30" |
| 39 | Grande Messe des morts Rex Tremendæ | | s. HB 38 | Denon CO - 73205 → 6 | 3'59" |
| 40 | Requiem – Introitus | G. Ligeti | Liliana Poli (Sopran) Barbro Ericson (Mezzosopran) Chor des Bayerischen Rundfunks Sinfonieorchester des Hessischen Rundfunks; Ltg.: Michael Gielen | Wergo WER 60 045-50 | 5'54" |
| 41 | Das Wandern (Müllerin) Ausschnitt | F. Schubert | Dietrich Fischer-Dieskau Gerald Moore (Piano) | DG 415 186-2 | 40" |
| 42 | Wohin? (Müllerin) | | s. HB 41 | DG 415 186-2 | 2'24" |
| 43 | Der Neugierige (Müllerin) | | s. HB 41 | DG 415 186-2 | 4'16" |
| 44 | Gute Nacht (Winterreise) | F. Schubert | Dietrich Fischer-Dieskau Gerald Moore (Piano) | DG 415 187-2 | 5'20" |
| 45 | Die Nebensonnen (Winterreise) | | s. HB 44 | DG 415 187-2 | 2'43" |
| 46 | In der Frühe | H. Wolf | Dietrich Fischer-Dieskau Daniel Barenboim (Piano) | DG 415 192-2 | 2'19" |
| 47 | Ich bin der Welt abhanden gekommen | G. Mahler | Dietrich Fischer-Dieskau Berliner Philharmoniker Ltg.: Karl Böhm | DG 415 191-2 | 6'56" |
| 48 | Der Dandy von Bergamo (Pierrot lunaire) | A. Schönberg | Marianne Pousseur Ensemble Musique Oblique Ltg.: Philippe Herreweghe | harmonia mundi HMC 901390 | 1'15" |

Liste der Hörbeispiele

| HB-Nr. | Titel | Komponist | Ausführende | Quelle | Dauer |
|---|---|---|---|---|---|
| 49 | Die Nacht (Pierrot lunaire) | | Marianne Pousseur Ensemble Musique Oblique Ltg.: Philippe Herreweghe | harmonia mundi HMC 901390 | 2'17" |
| 50 | Mondfleck (Pierrot lunaire) | | s. HB 49 | harmonia mundi HMC 901390 | 0'50" |
| 51 | Orfeo (Rosa del ciel) | C. Monteverdi | L. Kozma (Orfeo) Concentus musicus Ltg.: Nicolaus Harnoncourt | Teldec 6.41175 AN | 1'14" |
| 52 | Orpheus und Eurydike | Chr. W. Gluck | Hermann Prey (Orpheus) Pilar Lorengar (Eurydike) RIAS-Kammerchor Berliner Symphoniker Ltg.: Horst Stein | EMI CDZ 25 2346 2 | 4'12" |
| 53 | Orpheus in der Unterwelt | J. Offenbach | Adolf Dallapozza (Orpheus) Annelise Rothenberger (Euryd.) Ferry Gruber (Pluto) Chor der Kölner Oper Philharmonia Hungarica Ltg.: Willy Mattes | EMI CDC 7 47684 2 | 1'55" |
| 54 | Julius Cäsar | G. F. Händel | Norman Treigle (Cäsar) New York City Opera Chorus & Orchestra; Ltg.: Julius Rudel | RCA Victor Opera Series GD86182(2) | 2'33" |
| 55 | Der Hölle Rache (Zauberflöte) | W. A. Mozart | Karin Ott (Königin der Nacht) Berliner Philharmoniker Ltg.: Herbert von Karajan | DG 410 967-2 | 2'56" |
| 56 | Abscheulicher (Fidelio) | L. van Beethoven | Gundula Janowitz (Leonore) Wiener Staatsopernchor Wiener Philharmoniker Ltg.: Leonard Bernstein | DG 419 436-2 | 1'32" |
| 57 | Den unerforschlich tief geheimnisvollen Grund (Tristan) | R. Wagner | Ludwig Suthaus (Tristan) Josef Greindl (Marke) Chorus of the Royal Opera House, Covent Garden Philharmonia Orchestra Ltg.: Wilhelm Furtwängler | EMI CDS 7 47322 8 | 1'44" |
| 58 | Otello (IV/ 3) Orchesterzwischenspiel | G. Verdi | Orchestra del Teatro alla Scala di Milano Ltg.: Lorin Maazel | EMI CDS 7 47450 8 | 2'00" |
| 59 | Wozzeck (I/ 2) Das ist die schöne Jägerei | A. Berg | Eberhard Waechter (Wozzeck) Horst Laubenthal (Andres) Wiener Philharmoniker Ltg.: Christoph von Dohnányi | Decca 417 348-2 | 1'17" |